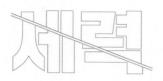

주식시장의 검은손 ··· '작전'을 식별하는 7가지 시그널

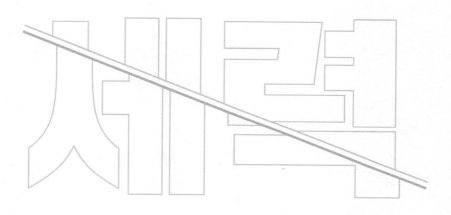

투기   투자

학고재

2021년 7월 초 국내 주식시장 대선 테마주들의 움직임이 보이지 않았다. 제20대 대통령 선거일 2022년 3월 9일까지 8개월 남짓 남았는데 말이다. 대선 테마주는 보통 대선 1년 반 전부터 꿈틀거린다. 전당대회, 지지율 여론조사 등의 뉴스가 나올 때마다 차기 대선 후보 관련 주들이 급등락을 반복하곤 했다. 유력 후보자들이 대선 출마를 선언했는데도 불구하고 대선 테마주들이 움직이지 않았다. 작전이 너무 늦게 들어간 것이다. 세력은 이제야 대선 테마주를 매집하기 시작하는 것 같다. 왜 그럴까?

암호화폐 때문이다. 수급(주식 수요와 공급)이 국내 코인시장으로 흘러들어갔다. 코인이 과연 무엇이길래, 한국의 주식 작전 세력이 코인시장까지 진입한 걸까. 심지어 코인 시장의 차트가 작전 세력이 만든 차트와 지나치게 유사하다. 세력은 코인시장까지 장악한 거다.

우리는 코인시장에서 정부의 규제, 묻지마 투자자들의 몰이해, 새 코인이 발행되고 금방 없어지고 급등락이 반복되는 무수한 실례를 목격하고 있다. 닷컴버블을 떠올리게 한다. 작전 세력은 듣보잡 코인으로 한탕 해먹으려고 분탕질을 치고 수많은 개미는 희생양이 된다.

도대체 이들은 누구일까? 누가 세력일까? 아니면 누가 세력이 되는 것일까? 무슨 돈으로 주식을 끌어모으는지, 어떻게 주가를 올리고 내리며 개미들을 흔드는지, 어떻게 작전을 진행하는지 저자는 세력의 꿍꿍이를 속속들이 들여다보기로 작정했다.

영화 <작전>(2009)을 처음 봤을 때를 기억한다. '재밌는 영화네' 정도로 생각했다. 하지만 금융권에서 일하면서 작전 세력이 실제 존재한다는 것을 알게되고, 여의도의 작전 세력이 어떻게 주가 조작을 하는지 직접 목격하면서 이 영화가 상당히 리얼하다는 것을 깨달았다. 감독은 실제 작전을 한 사람한테 자문을 구해서 시나리오를 구상했다고 한다.

영화의 줄거리는 이렇다. 닷컴버블 때 주식에 손을 대다 깡통을 차고 이후 독학해 전업투자자가 된 강현수(故 박용하)는 작전 세력의 움직임을 미리 간파해 수천만 원을 손에 쥔다. 그러나 기쁨도 잠시, 그가 건드린 것은 전직 조폭 출신이 작업 중인 작전주였다. 작전 세력은 자신들의 계획을 무산시킨 강현수를 납치하여 전문 트레이더로 고용해 감옥 같은 곳에 감금해놓고(옛날 방식이긴 하나 요새도 이런 작전 세력이 더러 있다.) 대규모 작전에 투입시킨다. 작전에 참여한 이들은 망해가는 상장회사의 대주주, 높은 실적으로 승승장구한 증권사 브로커, 외국계 자산운용사의 검은 머리 외국인 펀드 매니저, 오랜 조폭 생활을 청산하고 페이퍼컴퍼니를 차려 주식 작전 세계에 뛰어든 조직 폭력배, 온갖 탈세를 저지르고 비자금을 축적하는 졸부, 정치인들의 불법자금을 관리하는 프라이빗 뱅커(PB) 그리고 애널리스트다.

이들이 벌이는 판은 부실한 건설 회사 대산토건. 당시 그린 뉴딜 테마와 엮어서 작전의 최고 아이템이라는 '환경 기술'을 이용한다. 수질 개선 박테리아를 연구하는 벤처회사에 투자해 대산토건과 합병한다는 정보를 흘리며 대산토건의 주가를 올린다. 확성기는 증권방송 추천 전문가로 유명해진 애널리스트의 여론몰이와 외국 자본으로 둔갑한 검은 머리 외국인의 매수세다. 개인들은 혹할 수밖에 없다. 판은 걷잡을 수 없이 커져만 가고, 눈 먼 개미들의 돈이 들어오기 시작한다. 완벽하게 진행되는 듯하지만 서로가 서로를 배신하는 작전 세력들.

허구라고? 작전 세력이 어딨느냐고? 이런 반응을 보이는 독자는 아직 주식에 대해 덜 배운 것이다. 이런 이들을 위해 이 책은 존재한다. 이 영화는 실제와 90%이상 가깝다. 차트 분석마저 무시하는 사람들이 많은데 하물며 세력이라, 말도 안 되는 소리라는 핀잔을 듣기 십상이다. 세력은 몰라도 차트도 제대로 보지 않고 매매를 하는 사람들을 심심찮게 봐온 저자로서는 '진실'을 말한다는 게 참 어렵다고 느꼈다. 세력은 개인의 매수세를 끌어들이기 위해 차트를 예쁘게 만들어 놓는데도 말이다. 많은 사람이 편견으로 혹은 모르는 상태에서 '아니다'고 하면, 삼인성호(三人成虎)처럼 정말 아닌 게 될 수 있다. 나라도 기록을 남겨 꼭 진실을 말하고 싶다. 이 글을 읽는 이들은 적어도 세력을 알고 투자했으면 하는 마음이다.

세력(勢力)이란 말 그대로 힘 있는 존재다. 주식시장에서 힘이란 일차적으로 돈을 의미하고, 돈이 되는 정보도 될 수 있다. 따라서 세력이란 주식시장에 영향을 미칠 수 있는 자금력과 정보력이 있는 존재이다. 단순히 기관, 외국인을 세력이라 지칭할 수 있다. 그러나 세력과 작전 세력은 같은 말이 아니다. 영화 <작전>의 영문 제목이 사기(Scam)이듯 이 둘을 구분 짓는 기준은 합법이냐 불법이냐이다. 불법이 아니어도 애매한 사각지대에서 움직이는 주체 또한 작전 세력이라 할 수 있다. 일반 기관투자자 중에서도 작전 세력이 있을 수 있고, 심지어 기관이 아닌 슈퍼개미, 메기도 작전 세력으로 활동할 수 있다. 이 책에서는 특히 기관투자자 중 기타 법인에 속하는 '인베스트' 회사(투자조합 혹은 부티크)를 중심으로 특정 중소형 주를 집중 공략하는 작전 세력에 대해 파헤치고자 하며, 이들을 편의상 세력이라 표현하였다.

코로나19 이후 증시가 V자 반등을 하면서 주식을 처음 접한 개인투자자가 상당히 많아졌다. 대한민국에 이 같은 주식 열풍이 불었던 적은 없었다. 코인도 마찬가지다. 현재 서점에서 팔리고 있는 투자 서적은 500여 권. 그런데 주가 조작이 횡행한 주식시장에서 개인투자자가 실제 도움을 받을 만한 책은 없다. 그래서 세력에 대해 잘 정리한 책을 내보기로 했다. 아무도 알려주지 않는 세력에 대해 정보의 비대칭성을 최대한 줄이고자 글을 써 내려갔다.

이 책은 투자를 공부할 때 활용하는 PBR, PER과 같은 보조지표를 다루지 않는다. 그런 정보라면 이미 많은 책이 존재한다. 합법과 불법 사이를 오가며 줄타기를 하는 작전 세력의 움직임을 일반인이 알기는 참으로 힘들다. 개인은 자본력도 정보력도 뒤떨어지기 때문이다. 그러나 세력은 흔적을 남긴다. 이 책은 그 흔적을 하나하나 보여줄 것이다. 잘 살피고 속지 말자.

세력의 매집 차트, 작전 세력의 의도, 실행, 결과까지 실증 데이터를 기반으로 전 과정을 파헤쳤다. 세력의 흔적을 찾아내는 7가지 요소 즉 매집 차트, N자 파동, 작업 세력, 전환사채와 유상증자, 작전 과정 그리고 코인시장에서의 작전 등으로 정리해 누구나 쉽게 이해하고 적용해 볼 수 있게 했다.

모르면 당할 수밖에 없다. 지피지기(知彼知己)면 백전불태(百戰不殆), 적을 알고 나를 알면 백번 싸워도 위태롭지 않다. 세력을 알고 대응해야 손실을 최소화하고 세력이 먹으려 하는 것도 중간에서 조금은 채갈 수 있지 않을까, <작전>의 주인공 강현수처럼. 적어도 작전의 속성만큼은 배워야 한다. 무엇이 작전주인지 알아야 피해갈 수 있지 않은가.

이 책이 세력의 어두운 그림자를 거두어 투자자들에게 밝은 빛을 비춰주는 가이드가 되기를 바란다.

김준형, 레오
2021년 여름

세력을 만나다

모든 매매는 '칼'이다.

손잡이는 둔탁하고 칼날은 날카롭다. 세심하게 다뤄야 한다. 손잡이 쪽 매매는 장기간 오래 버틸 수 있는 투자(investing)의 영역이다. 칼날 쪽 매매는 짧은 수익권을 가져가면서 칼 같은 손절이 필요한 트레이딩(trading)의 영역이다.

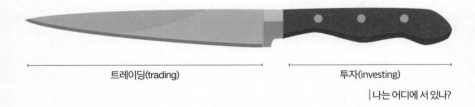

트레이딩(trading)   투자(investing)

| 나는 어디에 서 있나?

이 스펙트럼에서 사람들은 어떠한 정보를 보고 매매를 할까? 손잡이에 위치한

사람들은 '지식'에 기반해 각종 리포트, 재무제표 등을 보고 중장기 투자를 하는 반면, 칼날에 위치한 사람들은 **호가창**을 보고 **스캘핑** 매매를 한다. 중간은 무엇일까? 캔들과 거래량 등 **차트**를 분석하고 스윙 매매를 하는 사람들이다.

옳고 그른 것은 없다. 수익을 낸다면 다 옳은 매매법이다. 대개 칼날(trading)에 안 좋은 시선과 편견을 가진 이들이 많다. 매매 행태가 투기나 도박과 같다고 핀잔을 한다. 호가창만 보고 매수세와 매도세의 힘겨루기에서 어디가 이길지 판단하는 초단타 매매는 수년간의 노력과 경험을 바탕으로 한 스킬을 요구한다. 아무나 할 수 있는 것이 아니다.

개인투자자의 대부분은 직장인이기 때문에 현실적으로 단타 매매를 하기 힘들다. 그래서 손잡이(investing)에 치우쳐 있다. 그런데 기업에 대해 제대로 분석하지 않고 회자하는 정보에 솔깃해서 "내가 이 종목에 대해 잘 아는데……" 하며 매매하는 행태가 많다. 기업 혹은 정부의 핵심 관계자가 아니면 정보에 쉽게 접할 수 없다. 게다가 개인투자자들은 투자한 세월과 금액이 아까워서 칼같이 손절하지 못한다. 결국 망하는 경우가 많다.

재무관리에서 분석은 두 가지가 있다고 가르친다. 기술적 분석과 기본적 분석. 기술적 분석을 잘한다는 것은 매수, 매도의 기준이 명확하고 트레이딩 원칙을 잘 지키는 것을 말한다. 기본적 분석은 시대 흐름을 읽고 트렌드에 올라탈 수 있는 산업·기업·기술에 대한 깊은 이해를 말한다.

호가창
매수 또는 매도하려고 넣은 주문의 가격을 표시한 창이다.

스캘핑
주식 보유시간을 통상 2~3분 단위로 짧게 잡아 매매차익을 얻는 기법이다.

차트
주가 변동과 거래량을 보여주는 막대그래프이다.

결국 기술적 분석과 기본적 분석 둘 다 잘해야 한다. 그러나 기술적 분석을 '제대로' 하는 사람은 찾기 힘들다. 정확하게 알려주는 사람이 없기 때문이다. 워런 버핏, 하워드 마크스 등 투자의 대가들이 하는 얘기는 철학적인 내용이 많다. 실전 매매 기술을 쌓기도 전수하기도 힘들다는 것이다.

기술적 분석의 기본은 차트다. 캔들과 거래량으로 이루어진 차트. 차트를 분석한다는 의미는 무엇일까? 캔들과 거래량의 흐름을 통해서 대개 주식을 언제 사고팔지를 예측하지만, 이 책에서는 세력이 매집했는지 여부를 판단한다. 세상의 모든 자산에는 세력이 있다. 주식시장에서 세력이란 누구인가? 쉽게 말해 대주주, **쩐주(전주)**를 말한다.

조선시대 <허생전>에 나오는 상인 허생은 어떻게 부를 쌓았을까? 매점매석(買占賣惜)이다. 허생은 한양의 큰 부자 변 씨를 찾아갔다. 부자는 돈 벌 사람을 한눈에 알아보고 거금을 빌려주었다. 만 냥을 빌린 허생은 안성으로 내려가 대추·밤·감·배·밀감·석류·귤·유자 등의 과일을 시가의 두 배 값에 사 저장했다. 만 냥으로 과일만 사들였으니 그 양이 대단했다. 곳곳에서 잔치나 제사 등에 사용할 과일을 구하려고 난리다. 과일값은 부르는 게 값이었다. 허생은 시가의

쩐주(전주)
자금줄을 연결해주는 사람으로 사채업자나 기업사냥꾼을 일컫는다.

테마
주식시장에서 특정한 이슈, 현상, 주식 발행 기업의 특징 등의 사유로 인해서 비슷한 주가 경향을 보이는 현상을 일컫는다.

펄(pearl)
조개 속의 진주로 소위 호재나 우회상장할 비상장 기업을 뜻하며 작전 세력이 흔히 쓰는 은어이다.

쉘(shell)
조개껍데기로 작전 세력이 호재를 이용해 주가를 작업할 종목(주로 코스닥 상장주)을 뜻한다.

유통물량(floating stock)
시장에서 거래할 수 있는 상장된 기업의 주식 수로 유통주식이라고도 한다. 회사의 총 발행 주식에서 비공개 주식과 거래 제한 주식을 뺀 나머지가 유통물량이다.

두 배로 사 열 배를 받고 상인들에게 되팔았다.

현대판 세력이라고 허생과 다르지 않다. 차트에서 보이는 엄청난 거래량은 속일 수가 없다. 유통주식을 다 잡아먹으면 주가를 내 맘대로 할 수 있다. 특히 세력이 **테마**나 **호재**(펄)로 엮은 수혜 기업의 **주식**(쉘)은 주가가 급등할수록 너도나도 사고 싶어 한다.

한 기업의 2019년부터 2021년 6월까지의 주식 거래 차트를 보자. 주가가 떨어지면서 거래량도 지지부진하다. 흘러내리기만 하던 주가 흐름이 멈추고 2020년 7월과 2021년 4월, 5월 거래량은 엄청났다. 과연 이게 개미가 만들어낸 거래량이라고 보이나? 개미는 저만한 자금력이 없다. 이 정도 거래량은 절대 개미가 단독으로 돌릴 수 없다.

막대한 거래량이 보이는 매집 차트

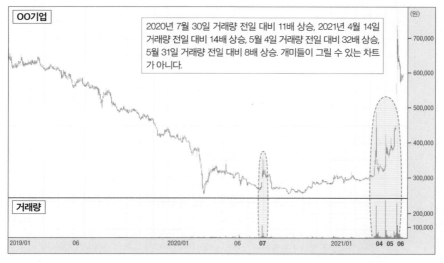

세력이다. 세력만이 저 거래량을 만들 수 있다. 세력이 **유통물량**을 다 잡아먹었는지 파악하는 것이 바로 차트 분석과 세력에 대한 이해이다.

세력의 사무실을 직접 가 본 적이 있다. 첫 방문은 2020년 6월 10일. PC방인 줄 알았다. 폐업한 상태로 PC방 간판만 그대로 있었다. 컴퓨터 여러 대가 있고, 단주매매 계좌 몇 백 개가 있었다. 거래량을 일으키고 주문 체결 강도를 높여 개미들을 꾀기 위함이다. 100억 원을 돌린다는데, 100억 원으로 주식을 다 매집하지는 않는다고 했다. 40억~50억 원으로 매집한다.

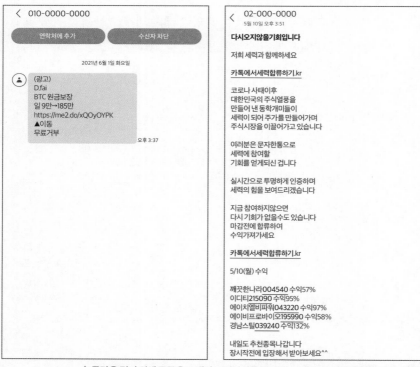

| 물량을 털기 위해 종목을 소개하는 지라시를 돌린다. 최근에는 코인 관련 지라시도 생겼다.

직원은 7명이다. 차트 분석하는 사람이 있고, 매집하는 사람이 있고, **지라시**를 만드는 사람이 있다. 딱 지지, 반등 자리에서 매집을 한다. 매집하는 동안 한 사람은 지라시를 만든다. 최근에는 코인 지라시 문자도 생겨났다. 물량을 털기 위해 개미를 모으는 전통적인 수법의 하나가 바로 지라시로 종목을 소개하는 것이다.

증권가에서 널리 쓰이는 미스리

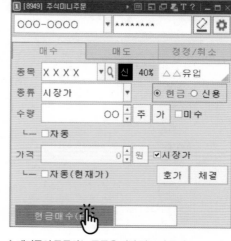

개미들이 급등하는 종목을 정말 뒤도 안 돌아보고 시장가로 매수한다.

메신저, 주식카페, 주식동호회, 불법주식리딩방과 VIP방에 다 뿌린다. 미스리 지라시 보고 온 수급과 VIP방에서 주식 추천받은 회원들 수급 등이 작전 종목으로 몰린다. 개미들이 급등하는 종목을 정말 뒤도 안 돌아보고 **시장가**로 매수한다.

주가가 삽시간에 1~2% 치솟는다. 거래량이 순식간에 많아진다. 세력은 지라시를 계속 풀고 더 많은 개인투자자들이 몰려오고 세력 내에서 자기들끼리도 매수매도를 하면서 주가를 높인다. 시장가 주문은 급히 매매하려 할 때 이용하는 주문으로, 시장의 현재 가격으로 주문 즉시 매매가 이루어진다. 작업 세력은 가격을 조금씩 올리는 윤활유 역할을 할 뿐이다. 선수들끼리는 이를 롤링(Rolling) 작업이라고 한다.

지라시
선전을 위해 만든 종이 쪽지란 뜻으로 주식시장에서 세력이 개인에게 물량을 떠넘기기 위해 지라시에 종목을 추천한다.

시장가
주식이 장에서 그때그때 실제 거래되는 가격으로, 주문 즉시 체결된다. 시장가와 거래하고자 하는 가격을 지정하는 지정가 주문이 있다.

799 ▲	78	10.82%	98,493,083	286.02%	
증감	799	798	223,513	56.90%	
	279,091	808	KOSDAQ		투
	109,528	807	722 시		거
	30,136	806	799 고		외
3	195,890	805	680 저		일
	37,645	804	721 기준		차
	58,189	803	937 상		뉴
	61,718	802	505 하		권
	22,188	801	3 비용		기
	3,457,318	800	797 예상		
10,981	293,703	799	1,986,152 수량		
			▲76	+10.54%	
799	1,396	798	19,033	19,032	
798	1,000	797	120,170	100	
799	626	796	424,995		
799	3,000	795	564,738		
798	55	794	1,062,892	20,000	
799	1,251	793	101,637		
798	967	792	130,092		
798	801	791	18,785		
798	392	790	227,076		
799	10,981	789	32,189		
10,978	4,545,406	13:08:46	2,701,607	1,068	
		시간외	20,000		

| 세력이 800원에 350여만 주 매도를 걸었다.

세력은 자기들 물량을 미리 목표 매도가 800원에 걸어둔다. 세력들이 작업칠 때는 호가창 위가 빵빵하다. 흔히 매수잔량이 매도잔량보다 많으면 주가가 올라간다고 생각한다. 매수하려는 사람이 많아야 주가가 오르지 않겠냐고. 천만에! 반대이다.

매도잔량이 매수잔량보다 2배 이상 많으면 주가가 올라간다. 세력은 미리 고가에 매도 물량을 지정해놓았기 때문에 매도잔량이 매수잔량보다 훨씬 많다. 그래서 세력이 매집할 땐 매수 쪽에 물량이 더 많지만, 물량을 털 때는 매도 쪽에 물량이 더 많다. 현재가 799원. 세력이 800원에 350여만 주를 미리 걸어놓고 자기들의 여러 계좌로 체결(자전거래)한다. 이를 본 개미들은 '이 급등주는 정말 엄청난 호재가 있나보다, 매수세가 엄청 강하구나' 생각한다. 그러면 세력은 더 높은 금액에 물량을 매도로 걸어놓고, 몰려오는 개인들의 수급으로 자신들의 물량을 털어버린다.

무섭지 않은가? 세력은 얼마든지 개미의 마인드를 컨트롤할 수 있고 멘탈을 붕괴시킬 수 있다. 자신이 원하는 대로 차트를 그릴 수도 있고 박살낼 수도 있다. 매집을 하기 위해선 주가를 일부러 빼버린 차트가 나오고, 매집이 나오면 거래량이 수반될 수밖에 없다. 주가를 올리려면 신규 개미를 계속 유입시키며 급등주 패턴을 만들어야 한다.

저자는 이러한 기술적 분석에 대한 내용을 세력의 관점에서 설명하고자 한다. 요즘은 세력이 장내에서 직접 주식을 매입하지 않는다. 전환사채와 유상증자를 이용한다. 이게 최신 트렌드이기도 하다. 차트에 보이지 않는 세력의 매집 또한 공시를 보면서 기본적 분석을 할 것이다. 이렇게 기술적 분석과 기본적 분석을 통해 세력의 흔적을 확인해볼 것이다.

코인시장에서는 아무 자산에 투자하는 경우 또 어떤 자산인지 모르고 투자하는 경우도 너무나 많다. 2021년 초부터 이 시장에 새로운 세력들이 진입하고 있다. 실제로 한국의 주식 작전 세력들도 코인시장에 많이 넘어왔다. 시장의 감시 시스템이 제대로 작동하지 않는 무법 지대에서 세력들이 활개를 치고 있다. 책의 후반부에서는 코인시장에서 움직이는 세력의 실체와 행태까지도 파헤쳐볼 것이다. 이 시장에서도 너무 많은 개인투자자들이 세력한테 당하고 있어서이다.

"나 이 종목으로 꽤 많이 먹었어!" 흔히 '먹었다'라는 표현을 쓴다. 도박 느낌을 준다. 투자의 세계는 철저히 냉정하고 위험하다. '분석'을 제대로 하지 않고 매매하는 현실은 도박판이 맞다. 주식이든 코인이든 똑같다.

주식이든 코인이든 분석을 도구삼아 한입 크기로 잘라 맛있게 먹어보자.

1

위꼬리 매집봉이 보이다

세력은 왜 매집을 할까?
세력은 자신들만 아는 정보를 이용해 주가를 올려
매집한 물량을 팔아먹을 수 있다고 판단하기 때문이다.

일봉 차트의 매집봉

세력은 주가를 급상승시키려고 미리 물량을 잡아먹는다. 그래야 매도와 매수를 거듭하며 주가를 흔들어 급상승시킬 수 있기 때문이다. 이를 **통정거래**라고 한다. 그 과정에서 나타나는 캔들의 모양은 여러 가지이다. 급상승 전에 거대한 거래량을 동반한 세력의 이 움직임이 드러난 캔들을 우리는 매집봉이라 부른다. 거대한 물량을 잡아먹기 위해 장대**양봉**을 만들었다가 주가를 쭉 빠지게 만들기도 한다. 혹은 전일 대비 하락으로 시작했는데 주가가 갑자기 올라갔다가 빠지는 캔들이 만들어지기도 한다. 그러면 피뢰침이 길게 달려 있는 캔들이 된다. 꼭 기억하자. 매집봉이다.

> **일봉**
> 분봉은 분, 일봉은 하루, 주봉은 일주일, 월봉은 한 달의 가격 변화를 하나의 캔들에 표시한 차트를 말한다.

세력이 이러한 캔들을 만드는 이유는 두 가지이다. 위

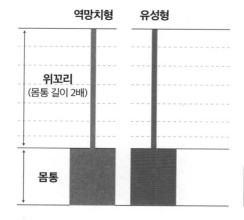

역망치형 **유성형**

위꼬리
(몸통 길이 2배)

몸통

거래량이 실린 장대양봉을 만들었다가 주가가 쭉 빠지거나, 전일 대비 하락으로 시작했는데 주가가 갑자기 올라갔다가 빠지는 캔들은 매집봉이다.

에 물려 있던 개미들에게 수익권을 주면서 이들의 물량을 가져오기 위함이고, 주가를 아래로 떨어뜨리면서 손절 치는 개인들의 매수 평균가를 분산시키기 위함이다. 특정 지점에 개인들의 매수 평균가가 집중되어 있으면 매물벽이 될 가능성이 크기 때문에 이를 방지하기 위해 주가를 흔들어 매집봉을 만드는 것이다.

매집이란 한 주체가 주가를 올리기 전에 수익을 보기 위해서 주식을 사 모으는 것을 말한다. 왜 매집을 할까? 세력은 정보력이 있다. 향후 기업에 호재로 쓸 재료가 있어서 이를 이용해 주가를 올려 매집한 물량을 팔아먹을 수 있다고 판단하기 때문이다.

재료는 두 가지가 있다. 기업 자체 공시가 있고, 외부 공시가 있다. 계약 체결 등 기업의 자체 공시는 시기를 조절할 수 있다. 그래서 매집하고 바로 주가를 띄

통정거래
매수할 사람과 매도할 사람이 사전에 가격을 미리 정해 놓고 일정시간에 주식을 서로 매매하는 것을 말한다. 통정거래는 마치 거래가 활발하게 일어나는 것처럼 보인다. 선의의 투자자들의 판단을 흐려 시장을 혼란시키고, 부당이익을 취하기 때문에 증권거래법상 이를 금지하고 있다.

양봉
시가보다 종가가 높게 장이 마감되면 양봉, 시가보다 종가가 낮게 장이 마감되면 음봉이 만들어진다. 양봉은 빨간색으로, 음봉은 파란색으로 표시한다.

울 수가 있다. 그러나 외부 공시에 의해 수혜를 받는다고 하면 협상 과정과 시간이 필요하고 정부 발표를 기다려야 하는 등 제약이 있다. 이럴 때는 횡보로 유지하다가 급하게 주가를 끌어올린다. 왜? 세력들이 너무 오래 기다렸고 사채를 끌어다 쓴 이자가 비용으로 계속 나가기 때문이다.

세력의 매집 차트를 눈에 익혀보자.

세력의 매집 차트

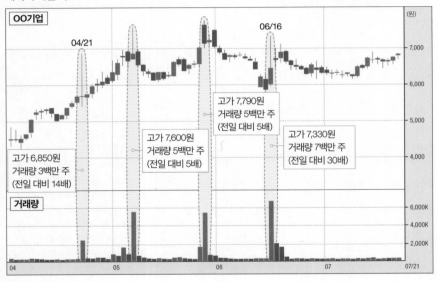

한번 쭉 올랐다가 빠지고 거래량이 전일 대비 5~30배가 넘는 매집봉이 네 개나 있다. 매집봉은 대개 주가가 올라갔다가 빠진다. 이러한 매집봉은 일정 기간에 걸쳐 여러 번 나온다. 개미들이 갖고 있는 유통주식을 빼앗기 위해 개미들한테 수익권 기회를 여러 번 주는 것이다.

매집이 끝나면 주식은 상승한다. 첫 매집봉 3개월 후
인 7월 말 주식은 **떡상**했다. 그런데 매집봉 같이 생긴
캔들이 있다고 꼭 세력의 매집이라고 확신할 수 있는
것은 아니다. 개인들이 올렸을 수도 있다. 해당 주식
의 **시가총액**과 유통물량을 확인해야 세력인지 아닌
지 추측이 가능하다.

떡상
'떡칠'을 의미하는 '떡'과 물건
의 값이나 주가 등이 갑자기
큰 폭으로 상승하는 것을 의미
하는 '폭등'을 합쳐 만든 속어
이다. 반대말은 떡락이다.

시가총액
주식시장에서 상장 주식을 시
가로 평가한 그 주식의 가치를
말한다.

매집이 끝난 후 주가 상승 차트

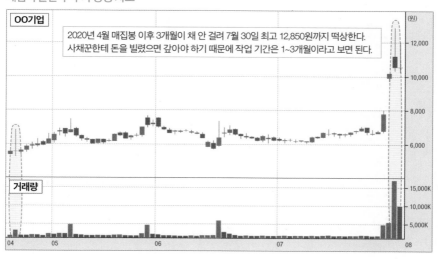

시가총액이 1,000억 원이 안 되고, 유통물량이 전체 주식 물량의 50% 정도는 되
어야 세력이 작전하기가 쉽다. 시가총액이 3,000억 원 이상이면 작업 세력이 아닐

확률이 99%다. 최근에 주가가 급등해서 시가총액이 400억~500억 원에서 3,000억 원을 찍은 것이라면 모를까. 그래서 시가총액과 유통물량을 확인해야 세력의 매집봉 여부를 판별할 수 있다.

분봉 차트도 확인해야

앞에서 일봉 차트에서 매집봉인지 확인하는 법을 배웠다. 그런데 좀 더 정확하게 확인하려면 분봉 차트 흐름도 같이 보아야 한다. 5~15분 사이 분봉 차트면 적당하다.

아래 10분봉 차트를 보자.

10분봉 차트-매집봉이 아니다

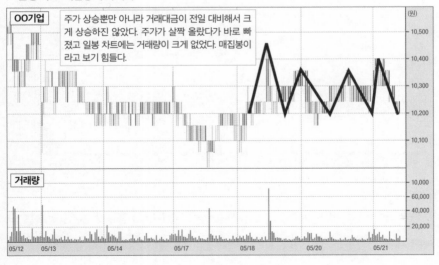

주가 상승뿐만 아니라 거래대금이 전일 대비해서 크게 상승하진 않았다. 주가가 살짝 올랐다가 바로 빠졌고 일봉 차트에는 거래량이 크게 없었다. 매집봉이라고 보기 힘들다.

세력의 매집 차트일까? 아닐 가능성이 크다. 왜냐하
면 보통 이렇게 주가가 올랐다가 바로 빠지는 그림은
뉴스 때문이다. 뉴스에 따라 개인투자자의 매수세가
몰려왔고, 자동으로 주식을 대량 거래하는 외국인과
기관들이 활용하는 컴퓨터 프로그램에 매수가 들어
오면서 **VI**가 발동한다. 그러나 세력이 주가관리를 안

하니 VI가 풀리자마자 주가가 바로 떨어진다. 이러한 차트엔 개인들이 손절을 안
친다. 개인들은 손해보고 안 팔기 때문에 거래량도 별로 없다. 즉, 뉴스가 뜨면서
분봉 차트에서 주가가 급등 후 급락이 나오고 거래량이 별로 안 터지면 세력이
들어온 흔적이 없다고 판단할 수 있다. 하지만, 거래대금이 전일 대비 크게 상승
했다면 세력이 매집했다고 볼 수 있기 때문에 꼭 거래량을 확인해야 한다.

10분봉 차트 매집봉-고가권놀이

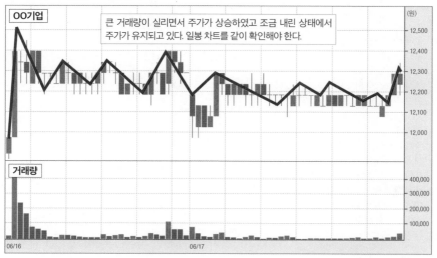

큰 거래량이 실리면서 주가가 상승하였고 조금 내린 상태에서 주가가 유지되고 있다. 일봉 차트를 같이 확인해야 한다.

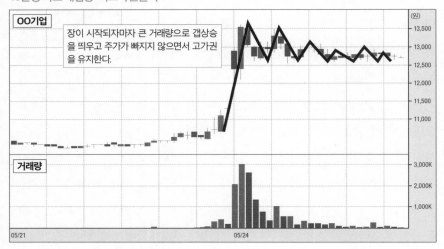

10분봉 차트 매집봉-최고가권놀이

OO기업

장이 시작되자마자 큰 거래량으로 갭상승을 띄우고 주가가 빠지지 않으면서 고가권을 유지한다.

(원)
13,500
13,000
12,500
12,000
11,500
11,000

거래량

3,000K
2,000K
1,000K

05/21   05/24

위 두 차트를 눈여겨보자. 앞 차트는 **고가권놀이**, 뒤 차트는 최고가권놀이라고 한다. 거래대금이 크다. 고가권놀이는 세력이 주가를 올려놓고 내린 다음에 이

고가권놀이
주가가 높이 상승하고 조정시 하락이 아닌 횡보를 하는 구간에서 추가 상승 여력이 있다고 판단하는 매매 기법을 말한다.

박스권
주가가 일정한 상한선과 하한선 사이에서 요동치며 박스 형태의 구간을 벗어나지 못하는 패턴. 예를 들어 2,000원이 되면 항상 주가가 오르고, 2,300원이 되면 항상 주가가 내려가는 현상이다.

하락분에서 손절 치는 개미들의 물량을 잡아먹는다. 세력이 매집하는 것이다. 최고가권놀이는 주가를 위에서 바로 옆으로 돌려버린다. 엄청나게 강한 세력의 매집이다. 세력이 높은 가격에서 물량을 다 받아먹고 기간 조정에 들어간다. 손실 본 개미는 없다. 높은 가격에서 수익을 실현하는 개미들의 물량을 세력이 다 먹어버린다.

그래도 안 나오는 물량이 있으면 세력이 주가를 갑자기 내려버리기도 한다. 안 나온 물량이 있으면 이렇게

밑으로 찍어 내려주면 단타치는 개인은 손절하기 때문에 세력은 밑에서 옆으로 **박스권**을 그리면서 다시 매집을 한다. 차트상으로 지지해줄 곳이 없는데도 말이다.

10분봉 차트 -세력이 주가를 갑자기 빼버린 경우

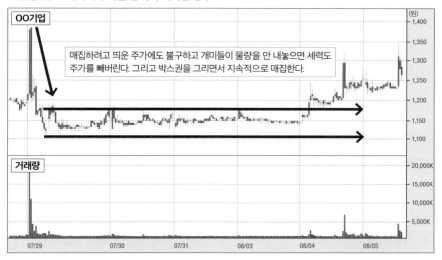

매집이 끝났다 하더라도 개인투자자의 수급이 안 붙으면 주가는 5~7%밖에 안 올라간다. 개인 수급이 붙어야 20%는 간다.

개인의 수급만으로 절대 **쩜상**은 불가능하다. 어떤 바보가 매수가를 최고가에 걸어두나? **개미**가 하는 행동이 절대 아니다. 세력이 하는 짓이다. 쩜상은 보통 유통물량의 20~30%를 미리 매집한 상태에서 뉴스를 띄워야 가능하다. 장 시작 전 세력들은 시가부터

쩜상
장이 시작되자마자 상한가를 기록해 주가가 빠지지 않는 것을 말한다.

개미
주식시장에서 개인투자자를 말한다. 많은 개인투자자, 열심히 매매하지만 수익은 적은 개인투자자를 개미에 빗대었다. 이 책에서는 개인투자자, 개인, 개미를 같이 사용한다.

시장이 빠지다

한 국가의 증권 시장에 상장된 주식의 현 시가총액을 비교 시점의 시가총액과 비교한 것을 종합주가지수라고 한다. 이 지수가 하락하는 것을 시장이 빠진다고 표현한다.

현재 증권거래소는 1983년 1월 4일을 기준 시점으로 이 날의 지수를 100으로 정하고, 이에 대비한 지수를 매일 발표한다.

쩜상에 물량을 박아놓는다. 가령 300만 주를 상한가에 매수를 걸어둔다. 이렇게 시초가부터 상한가에 매수 잔량이 쌓여 있으면 보통 개인들은 '이 종목 대형 호재로 내일도 쩜상 가는 거 아니야?'하고 생각하게 된다. 일명 '상따(상한가 따라잡기)'다. 개인들은 다급한 마음에 뒤따라서 상한가에 매수를 걸어놓는다. 그러나 세력은 먼저 건 물량에서 5만~10만 주씩 슬그머니 빼서 다시 매수를 걸어놓는다. 매매체결은 호가를 제공한 시간 순으로 체결되기 때문에 개미들의 매수 주문이 먼저 체결된다. 애초에 세력이 걸어둔 300만 주 주문은 눈속임이었고 이를 조금씩 취소하면서 개미들보다 늦게 매수 주문을 걸었다가(개미들의 물량에다 세력의 300만 주가 상한가에 매수 잔량에 쌓여있는 모습은 지속적으로 보여진다) 장 시작하기 바로 직전에 매수 주문을 전부 취소해버린다. 상한가에 자기 물량이 체결돼 버리면 매수 평균가가 크게 오르기 때문이다.

참고로, **시장이 빠지면** 세력은 매집해놓은 관리종목에서 손을 놓아버린다. 개인 투자자의 투매가 많아지면 그 물량을 받고 주가를 끌어올리기 위해 자본이 크게 필요하기 때문이다. 차트를 횡보로 유지하기보다 떨어지게 놓아두고 다시 주가를 끌어올리는 것이 훨씬 돈이 적게 든다.

주가 그래프를 읽자 1

주가를 읽는 가장 기본적인 방법은 캔들 차트(봉 차트)를 보는 것이다. 캔들은 시가, 종가, 고가, 저가, 4가지 정보를 담고 있다. 이 그래프로 주가를 예측하며 팔 때와 살 때를 결정한다.

1. 캔들은 시가, 종가, 고가, 저가를 막대그래프로 보여준다.

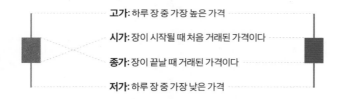

고가: 하루 장 중 가장 높은 가격
시가: 장이 시작될 때 처음 거래된 가격이다
종가: 장이 끝날 때 거래된 가격이다
저가: 하루 장 중 가장 낮은 가격

2. 캔들은 몸통과 꼬리로 되어 있다.

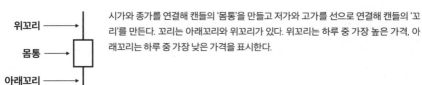

위꼬리
몸통
아래꼬리

시가와 종가를 연결해 캔들의 '몸통'을 만들고 저가와 고가를 선으로 연결해 캔들의 '꼬리'를 만든다. 꼬리는 아래꼬리와 위꼬리가 있다. 위꼬리는 하루 중 가장 높은 가격, 아래꼬리는 하루 중 가장 낮은 가격을 표시한다.

3. 캔들에는 양봉과 음봉이 있다.

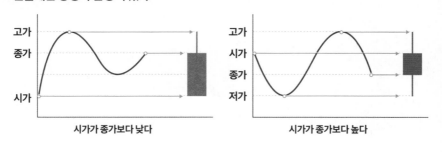

고가
종가
시가

시가가 종가보다 낮다

고가
시가
종가
저가

시가가 종가보다 높다

주가 그래프를 읽자 2

차트를 볼 때 기간별 시가부터 종가까지 표현한 캔들(봉)과 거래량을 눈여겨보자.

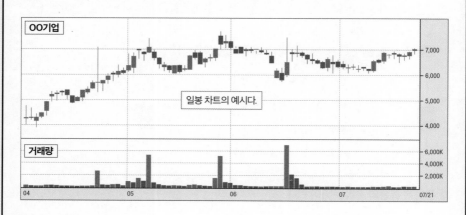

일봉 차트의 예시다.

1. 캔들(봉)

캔들(봉) 차트에서 봉은 그 측정 기간을 기준으로 분봉(분), 일봉(하루), 주봉(일주일), 월봉(한달) 차트로 구분된다. 각 기간 동안 이뤄진 거래를 하나의 캔들로 만든다.

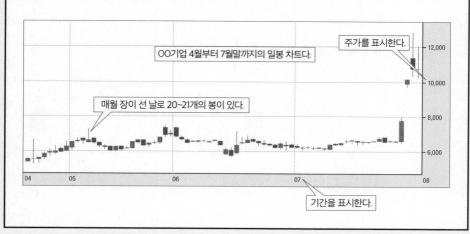

OO기업 4월부터 7월말까지의 일봉 차트다.

주가를 표시한다.

매월 장이 선 날로 20~21개의 봉이 있다.

기간을 표시한다.

2. 거래량

발행회사의 기간별 거래량을 나타낸다. 거래량이 많다 적다는 기업마다 다르므로 발행주식 수와 그 회사의 일평균 거래량을 비교해 판단해야 한다. 그래서 차트는 항상 크게 볼수록 (분봉보다 일봉, 일봉보다 주봉), 어디에서 큰 거래량이 실린 매집이 들어왔는지 확인할 수 있다.

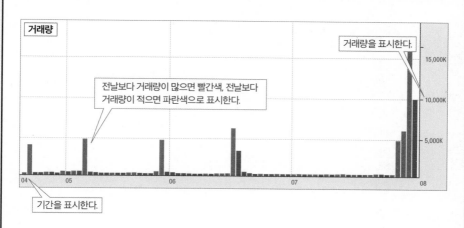

거래량

거래량을 표시한다.

전날보다 거래량이 많으면 빨간색, 전날보다 거래량이 적으면 파란색으로 표시한다.

15,000K

10,000K

5,000K

기간을 표시한다.

N자 파동이
나타나다

2

세력은 매집으로 상승 차트를 그리며
주가를 높이고, 다시 그 물량을 떠넘길
신규 개인투자자를 유인해 매수를 부추긴다.

급등주가 나오면 N자 파동이 나온다

급등주가 나오면 N자 파동이 나타나는 경우가 많다. 통계적으로 많다보니 패턴화되어 기술적 분석을 담은 책에서 자주 소개되곤 한다.

그런데 개인투자자의 대부분은 차트 패턴을 '그림'으로 외우려고만 하지, 왜 이러한 그림이 나오는지 그 이유를 잘 모른다. 왜? 아무도 알려주지 않기 때문이다. 한 번 생각해보자. 왜 급등주에서 N자 파동이 나올까?

개인투자자가 주식을 3,000원에 샀고 이게 3,500원으로 올랐다고 해보자. 충분한 수익 구간이기 때문에 보통 **익절**한다. 일반적으로 개인은 20~30% 사이에 익절한다고 보면 된다. 그렇다면 이 구간은 '매물대'가 된다.

이 주가를 세력이 어거지로 끌어올리려 하면 작업 세

> **익절**
> 매수한 주식 종목이 목표한 가격 또는 수익 비율에 도달했을 경우, 매수한 주식 종목을 전부 또는 일부를 매도해 현금화하는 것을 뜻한다.

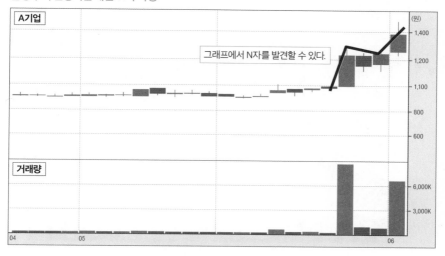

급등주의 전형적인 패턴-N자 파동

A기업

그래프에서 N자를 발견할 수 있다.

(원)
1,400
1,200
1,100
800
600

거래량

6,000K
3,000K

04   05   06

력이 다 받아야 한다. 힘이 달린다. 그래서 기존의 개인투자자들이 익절하는 구간
에서 새로운 개인을 유입시켜 배턴 터치를 하게끔 해야 한다. 즉 3,000원이던 개
인들의 매수 평균가를 3,500원으로 끌어올리는 작업이 필요하다. 이것이 N자 파
동이 나오는 배경이다. 이 과정에서 급등주가 고점을 연일 갱신하기도 하는데 이
를 흔히 폭탄돌리기라고도 한다.

매집을 끝낸 세력, 신규 개인을 유입해 주가를 급등시키다

차트를 잠시 돌려보자. 큰 거래량이 실린 피뢰침 양봉이 두 개가 나왔다. 매집봉
이다.
매집봉 이후 4거래일 만에 급등이 나왔다.

거래량이 실린 매집봉 2개

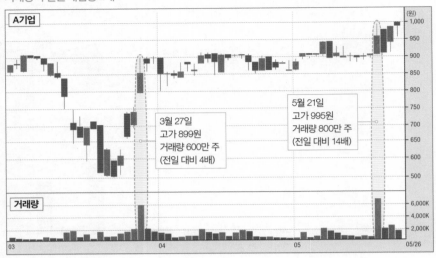

A기업

3월 27일
고가 899원
거래량 600만 주
(전일 대비 4배)

5월 21일
고가 995원
거래량 800만 주
(전일 대비 14배)

거래량

매집봉 이후 급등 차트

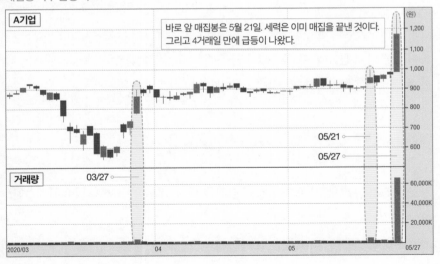

A기업

바로 앞 매집봉은 5월 21일. 세력은 이미 매집을 끝낸 것이다.
그리고 4거래일 만에 급등이 나왔다.

05/21
05/27

거래량

03/27

자 다시 한번 보자.

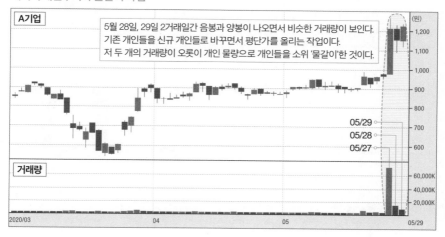

2020년 5월 28일과 29일 2거래일간 음봉과 양봉이 나오면서 거래량도 1,300만
주, 1,100만 주로 비슷하게 나왔다. 기존 개인투자자들을 신규 개인으로 바꾸면서
평단가(매수 평균가)를 올리는 작업이다. 저 두 개의 거래량이 오롯이 개인들이 거
래한 물량이다. 이렇게 개인들을 소위 '물갈이' 시켜놓고, 다시 한번 주가를 쏠 준
비를 한다.

다음 그래프를 보자.
바로 이렇게 다시 주가를 끌어올렸다. 요약해서 말하면, 급등주에 N자 파동이 나
오는 이유가 이러한 개인들의 평단가를 올리면서 기존의 개인투자자를 새로운
개인투자자로 교체해주는 물갈이 작업 때문이다.

신규 개인투자자로 교체 완료-N자 파동

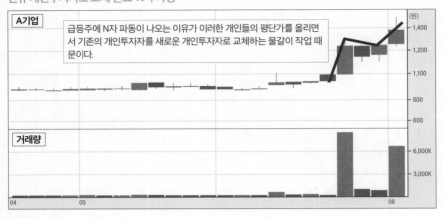

급등주에 N자 파동이 나오는 이유가 이러한 개인들의 평단가를 올리면서 기존의 개인투자자를 새로운 개인투자자로 교체하는 물갈이 작업 때문이다.

서서히 물량을 털고 있는 세력

다음 차트는 왜 위아래 변동성이 심해졌을까? 이제 세력들도 물량을 터는 것이다.

세력의 물량 털기

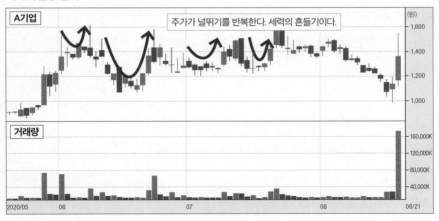

주가가 널뛰기를 반복한다. 세력의 흔들기이다.

위에서 털고 아래에서 매수하고, 위에서 또 털고 아래에서 재매수를 반복한다. 이 과정에서 개인투자자의 물량이 상대적으로 많아진다. 세력 입장에서는 신규 개인투자자로 교체해주는 작업이 또 필요하다. 많아진 개인의 물량을 유지시키기 위해서 세력은 개인투자자가 좋아할 만한 차트를 만들거나 뉴스를 띄우는 등 재료로 기대감을 준다.

개인투자자 평균 매수가 계산

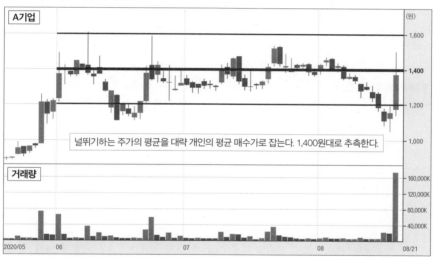

개인들은 짧게 먹는다. 물려 있다면 본전권만 와도 팔아버린다는 뜻이다. 세력은 캔들이 위꼬리를 달게끔 주가를 급등시키면서 기존 개인을 신규 개인으로 바꿔 준다. 위꼬리에서 신규 개인이 물리면 단타쟁이들은 바로 손절하며 나간다. 그래도 안 나가는 개인들이 있으면 세력은 주가를 아래로 변동성을 주면서 기간 조정과 함께 손절을 치게끔 만든다. 대략 개인의 평단가를 1,400원대(검정색 수평선)로

세력의 평균 매수가 계산

A기업

세력의 매수 평균가는 두 매집봉의 중간값으로 잡는다. 900원으로 보인다.

3월 27일
고가 899원
거래량 600만 주

5월 21일
고가 995원
거래량 800만 주

거래량

세력의 작업 결과-세력 평단가의 2배를 넘기다

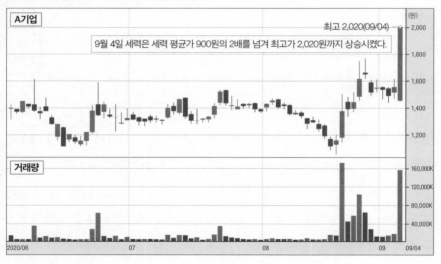

A기업

최고 2,020(09/04)

9월 4일 세력은 세력 평균가 900원의 2배를 넘겨 최고가 2,020원까지 상승시켰다.

거래량

만들고, 세력은 또 올라갈 구간이 있어 보이는 차트를 그린다. 세력도 어느 정도 자기 물량을 털었지만 마지막 남은 물량을 다 털기 위해 파동을 또 만들며 쏘아 '올려야만' 한다. 이를 위해 기존 개인투자자를 계속 신규 개인으로 바꾸며 평단가를 높이는 작업을 하는 것이다.

그렇다면 세력의 목표 가격은 얼마일까. 3월 27일과 5월 21일에 매집이 들어왔기 때문에 두 매집봉의 중간을 평단가로 계산하면 약 900원(검정색 수평선)이고, 보통 이들이 목표가를 평단가의 2배로 잡기 때문에 최소 1,800원까지는 바라볼 수 있다. 그래서 단기적으로 하락이 있다 하더라도 1,800원 부근까지는 간다는 말이다. 실제 1,800원보다 높은 가격으로 거뜬히 올라갔다.

그런데 해당 세력주는 11월까지 작전이 이어지면서 4,400원까지 갔다. 세력의 평단가 900원에서 5배가 된 것이다. 최고가 4,400원에서 엄청난 거래량이 터졌다.

세력의 작업 결과-세력 평단가 5배를 기록하다

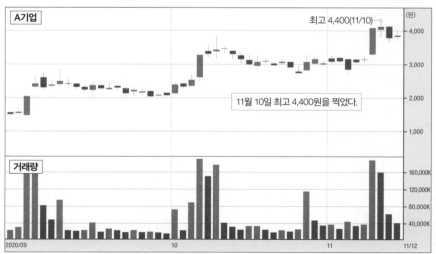

거래량은 쉽게 속일 수 없다. 세력이 주가를 끌어올리면서 양봉이 나온 날의 거래량이 매집봉이 나온 날(3월 27일, 5월 21일)의 거래량보다 적다면, 해당 주식을 가진 사람들에게는 긍정적인 신호이다. 아직 가볍게 더 올라갈 여지가 있다는 것을 보여주기 때문이다. 개미들이 물량을 많이 갖고 있어서 매도세가 거세지면 주식은 "무거워진다"고 표현한다. 그럴 때는 세력이 주가를 올리는 데 힘이 든다(자본이 필요하다). 그리고 주가가 조정이 이루어질 때 거래량이 별로 없다면 세력이 나간 흔적이 없다는 것을 말해준다. 세력이 집중적으로 매도한 날 거래량이 터지면서 주가가 하락한다면 매도 사인이다.

이러한 신호는 차트에 다 녹아 있다. 세력의 차트를 정확하게 분석해야 당하지 않고 대응할 수 있다. 그리고 그 신호를 잘 해독하면 기회가 된다. 세력은 주가를 상승시키기 위해 매집과 상승 차트를 그리고, 자신들이 갖고 있는 물량을 떠넘기기 위해 개인들의 엄청난 유입과 매수세를 필요로 한다.

3

적자기업이
유상증자하다

적자기업이다. 전환사채를 발행하고,
대주주가 계속 바뀌고 회사명이 바뀐다.
유상증자는 시도때도 없다.
주가 조작을 하기 쉬운 곳이다.

작업 세력은 언제 무슨 일을 하나

주가 조작 작업 세력은 주식을 모아 주가를 쥐락펴락하며 수익을 만들어낸다. 스스로 기업사냥꾼이 되든 작업을 의뢰받든 간에, 주가 조작 작업 세력들이 하는 일은 크게 세 가지다. 첫째, 의결권을 모으는 작업, 둘째, **전환사채** 물량을 받아주는 작업, 셋째, 실적 공시가 있는데 실적은 잘 나와도 주가는 움직이지 않는 회사에 대한 작업.

그러면 작업 세력은 어떤 경우에 주가 조작을 하는가?

1. 기업에 호재가 있을 때
2. 기업을 인수·매각할 때
3. 기업이 전환사채를 발행하거나 유상증자할 때

기업에 호재가 있을 때

대형 계약 체결, 신사업 시작, 실적 폭증 등 호재가 있는 회사가 작업 세력에게 주가 조작을 부탁한다.

대주주가 회사를 운영하려면 우호지분을 가진 투자자들이 필요하다. 지원군이기 때문이다. 그러나 동시에 시가총액 300억 원짜리 회사가 호재가 발생했는데도 주가가 오르지 않는다면 이들은 언제든 떠날 수 있는 존재다.

그러면 다른 투자자가 적대적 M&A(합의되지 않은 인수 합병)를 해버릴 수 있기 때문에 대주주 입장에서 우호지분을 보유한 투자자들을 관리해야 한다. 그래서 회사가 작업 세력에게 부탁을 하는 것이다.

회사에 호재가 있으면 기관 **수급**이 들어오면서 우상향하지 않느냐고 반문할 수 있다. 그렇지 않다. 기관에게 300억 원짜리 기업은 **스몰캡**에 들지도 않는다. 펀드매니저들이 포트폴리오에 담을 수 있는 기업은 상당히 제한적이다. 기관에서 바라보는 스몰캡 시가총액은 적어도 1,500억 원 이상이다.

외국인 수급이 들어오면서 우상향하지 않느냐고 반문할 수 있다. 애널리스트가 써주는 기업도 아닌데 외국인이 왜 투자를 하겠나.

그래도 들어오는 수급은 무엇인가? 대부분 외국인을

전환사채
(CB. convertible bond)
일정한 조건 아래 발행 회사의 보통 주식으로 전환할 수 있는 사채를 뜻한다.

유상증자
(paid-in capital increase)
주식회사에서 주식을 추가 상장, 즉 더 발행해서 자금을 조달하는 것을 의미한다. '증자'(增資)란 '자본금을 늘린다'는 뜻이다.

수급
매수와 매도를 총칭해서 이르는 말로 주식 매수세를 의미한다.

스몰캡(small cap)
시가총액을 기준으로 기업을 분류하였을 때 하위 그룹에 속하는 중소기업의 주식을 스몰캡이라고 한다.

가장한 국내 투자자인 검은 머리 외국인이다. 세력이 그들과 신탁 계약을 맺고 외국계 창구를 통해 주문을 내는 것이다. 외국인 순매수는 사전에 협의되어 속임수로 쓰기 위한 개미 꾀기일 뿐이다.

회사가 작업 세력에게 수수료를 주면서 주가를 올린다. 이들은 매집을 하진 않는다. 호재를 내보낼 때 그냥 주가를 올려주는 역할을 한다. 대개 차트가 가만히 기다가 뉴스가 나오면서 주가가 빵 터진다. 다시 말해, 장기간 주식 매집이 필요 없다. 작업 세력은 주가가 올라가는 데 윤활유 역할을 할 뿐이다.

기업을 인수·매각할 때

기업사냥꾼(raider)의 존재를 알아야 한다. 이들은 **상장폐지** 위기에 놓인 회사를 인수한 뒤 구조조정을 한다며 주가를 부양하거나, 인수한 회사의 자산을 빼먹는 일을 일삼는다. 주로 사채업자의 자금으로 회사를 인수하므로 자신은 돈을 들이지 않는 무자본 M&A를 한다. 기업사냥꾼들이 어떤 기업을 사는가? 적자투성이인 쓰레기 기업(쉘)을 산다. A 회사라고 하자. 이런 기업은 증권시장에 상장한 업체로 수년 동안 영업 손실이 계속되는데 자본총계는 늘어난다. 전환사채나 유상증자로 늘어난 자본금 때문이다. 신주를 발행해서 자본을 늘리는 것이다.

코스닥에 상장된 적자투성이 기업의 대부분은 시가총액이 300억~500억 원 정도이다. 대주주 지분을 사도 100억 원도 안 든다. 일반적으로 기업사냥꾼들은 사게 될 주식을 담보로 사채업자들에게 돈을 융통해서 주식을 산다. 100억~150억

상장폐지
상장된 증권이 매매 대상 유가증권 적격성을 상실하여 상장 자격이 취소되는 것을 말한다.

원을 빌린다. 1~3개월 내 상환 조건으로 월 10% 고리
이자를 낸다. 이자비용이 어마어마해 당장 돈이 필요
하다. 회사 자본금을 빼돌려 이자비용을 갚으려 하지
만 이러한 쓰레기 회사는 자본금도 없다.

그래서 또 빌려야 한다. 코스닥의 중소기업들은 전환
사채, 유상증자, **신주인수권부사채**를 발행한다. 사실
전환사채 발행이나 유상증자를 많이 한다. 돈 빌려서
주식으로 갚는 방식이다. '지금 돈이 없어도 돈을 빌
릴 수 있다'는 것이 매우 중요하다. 코스닥에 상장된
회사 하나만 있으면 된다.

그러면 누가 적자투성이 쓰레기 기업 A에게 돈을 빌
려주고 투자를 하나? 이때 기업사냥꾼이 사채업자
에게 또 한 번 접근한다. 돈을 빌려주면 주가를 올려
주고 자금을 **엑싯**(exit)하게 해주겠다고 약속한다. 전
환사채 발행이나 유상증자를 하게 되면, 전환사채 자금이 납입되고 나서 1년 뒤
에나 주식으로 전환 가능하다. 제3자 배정 유상증자도 **보호예수** 때문에 6개월간
주식을 매도할 수 없다. 사채업자 입장에서는 빌려준 돈을 1년이나 기다리는 것이
기 때문에 기업사냥꾼은 사채업자에게 수익률 100% 이상은 먹여드리겠다고 약
속한다.

전환사채 납입금(전환가액×전환 가능 주식 수)이 최소 30억~50억 원이라고 치자.

신주인수권부사채
(BW. bond with warrant)
발행 기업의 주식을 매입할 수
있는 권리가 부여된 사채(社
債)이다.

엑싯
작업팀은 고액 자산가, 사채업
자들이 주식의 고가권에서 먼
저 투자자금을 회수할 수 있게
출구 전략을 마련해준다.

보호예수
기업이 새로운 주식을 발행하
는 경우 일정기간 동안 최대
주주 및 일정 지분 이상을 보
유한 주주들의 거래를 제한하
고 그들이 가진 주식을 증권
예탁원이나 증권사에 보관해
야 한다. 속칭 락(lock)을 걸었
다고 한다. 증권정보포털 사
이트 <세이브로>에서 보호예
수가 해제되는 종목과 날짜,
수량을 미리 확인할 수 있다.

1년 뒤 이 금액을 더블로 쳐준다면 누가 안 하겠는가. 그런데 사채업자는 기업사냥꾼이 그럴 능력이 되는지 의심한다. 작업을 정말 잘하는지 실력 한번 보여달라고 한다. 1차 테스트(주가 조작)를 한다. 기업사냥꾼은 자신 있게 전환가액을 높게 설정한다. 이렇게 높은 가격에도 주가를 올릴 수 있는 능력을 보여주겠다고. 사실 주식 물량을 적게 하기 위한 목적도 있다. 똑같은 전환사채 납입금에서 전환가액이 낮을수록 상장되는 주식 수가 많아진다. 이러면 나중에 엑싯 해주기가 힘들다. 많은 물량을 받아낼 개미를 모으기가 힘들기 때문이다. 기업사냥꾼 입장에서는 전환가액을 일부러 높게 설정한다.

이때 기업사냥꾼은 주가 조작하는 작업팀에 접근한다. 주가를 전환가액보다 높게 올려주면 수수료를 주겠다고 약속한다. 1차 주가 조작을 확실히 해내야 기업사냥꾼이 사채업자의 테스트에 통과하는 것이다. 기업사냥꾼이 돈이 어딨냐고? 테스트에 성공해서 받은 사채업자의 전환사채 납입금에서 수수료를 일부 떼 주면 된다.

주가 조작하는 작업팀이 작업을 시작하고 주가가 올라간다. 사채업자가 정말 주가가 올라가는 것을 눈으로 확인하고 능력이 된다고 판단하면 기업사냥꾼한테 돈을 빌려주기로 결정한다. 그렇게 전환사채나 유상증자 금액이 납입된다.

기업사냥꾼은 이제 이 돈을 빼먹기만 하면 된다. 우회상장할 페이퍼컴퍼니(펄)를 하나 세운다. 혹은 이미 페이퍼컴퍼니를 가지고 있기도 하다. 이를 B 회사라고 하자. 그리고 이 페이퍼컴퍼니 B를 인수한다. **장외주식**으로 산다. 시장에서 거래되지 않는 기업은 적정주가가 없기 때문에 일부러 비

장외주식
상장이 되지 않은 기업의 주식을 증권거래소 밖에서 사고파는 시장을 장외주식시장이라고 한다.

싸게 사면서 기업가치를 뻥튀기한다. 보통은 바이오라는 재료를 붙인다. 바이오는 적자기업이어도 괜찮으니까. 연구개발(R&D) 사업에 높은 가치를 매겼다고 둘러대면 되니까.

이제 쓰레기 상장회사 A가 페이퍼컴퍼니 B의 지분을 사는 과정을 거친다. 바이오 기업에 투자한답시고 전환사채로 받은 자본금으로 투자한다. 전환사채 발행 목적을 '운영자금'에서 '타법인 증권 취득 목적'으로 정정한다. 기업사냥꾼 입장에선 결국 자기 기업에 투자하는 것이다. 그리고 페이퍼컴퍼니에 일감을 준다. 기술계약 체결이니 시너지가 기대된다느니 하면서 수십억 원의 자본금이 들어가는데 사실 그 돈은 다 기업사냥꾼 주머니로 들어간다. 자본금을 그렇게 빼돌리는 것이다. 빼돌린 돈으로 주가 작업한 팀에게 수수료 떼 주고, 사채업자한테 빚을 갚는다.

정리하자면, 기업사냥꾼이 A 회사 유상증자에 돈을 넣어서 주식을 받고, 이 회사의 최대주주가 된다. 또한 페이퍼컴퍼니 B를 설립해서 유상증자로 들어온 A 회사의 자본금을 페이퍼컴퍼니 B에 넣는다. 그러면 주식은 공짜로 얻는다. 돈이 돌고 도는 순환출자 구조인 것이다. 만약 페이퍼컴퍼니를 통해 자본금을 빼돌리지 않는다면, A 회사의 재료(펄)를 활용해서 주가를 상승시키고 주식을 털어버리는 방법도 있다.

전환사채는 주가가 빠지면 전환사채의 전환가액이 낮게 조정(리픽싱)된다. 전환사채를 산 채권자를 위한 또 하나의 안전장치인 셈이다. 납입금액(전환가액×전환 가능 주식 수)은 그대로인데 가격이 빠지면 사채권자의 주식 물량은 늘어난다. 1년이

지나 전환사채를 주식으로 전환할 때 즈음, 기업사냥꾼들이 작전 세력을 통해 주가를 올리고 그 늘어난 물량을 엑싯시키겠다고 사채업자에게 약속한다. 작업팀이 주가 조작을 시작하면서 전환사채 금액을 납입한 사채업자들을 조정된 전환사채 전환가액 대비 최소 100% 높은 가격으로 엑싯시켜주고, 마지막으로 기업사냥꾼도 자기 물량을 차익실현하면서 엑싯한다.

적자기업인데 전환사채만 발행하고, 대주주가 계속 바뀌고, 사명이 바뀌는 등 유상증자를 시도 때도 없이 하는 기업들이 이런 부류다. 이런 기업들의 주가가 박스권을 그리다가 급등락을 반복하는 이유는 전환사채 납입금 환급을 위한 것이다. 전환사채를 발행하고 나서 1년 뒤에 엑싯해야 하니까 주가 조작을 또 하는 것이다. 이런 기업들이 코스닥 시장에 100개 가까이 된다.

경영권 분쟁(적대적 M&A)

대주주가 기업 인수자에게 경영권 프리미엄을 붙여서 기업을 팔려는 경우, 기업 인수자는 이러한 경영권 프리미엄 때문에 기존 주가보다 비싸게 주식을 매입해야 한다.

기업 인수자는 주가가 너무 비싸다고 판단되면 적대적 M&A를 고려한다. 주식을 장내매수하거나 우호지분을 시간외 **블록딜**로 거래한다. 장내매수의 경우 개인투자자들의 물량을 가져와야 한다. 개인은 웬만해선 안 판다. 왜? 물려 있기 때문에. 개인은 주식을 손해보고 팔려고 하지 않는다. 개인으로 하여금 주식을 팔게 하려면 주가를 높

> **블록딜**
> 대량의 주식을 최근 주가보다 할인해 기관투자가 등 대형 투자자들에게 넘기는 거래다. 보통 장이 시작되기 전 마무리되며 장중 블록딜이 진행되는 경우는 거의 없다.

여 놓아야 한다.

주가가 갑자기 올라갔다가 빠진다. 앞에서 언급한 매집봉이라고 부르는 캔들이다. 거기서 물량을 받아먹는 이들이 작전 세력이다. 그래서 적대적 M&A는 무조건 작전 세력이 붙는다. 금융감독원이 안 잡느냐고? 한 건 가지고는 안 잡는다. 형량이 약하기 때문에. 주가 조작하는 팀이 작업을 한 번만 하지는 않는다. 여러 번 한다. 그래서 금감원이 가만히 지켜보면서 내버려둔다. 작업 세력이 여러 번 주가 조작할 때 잡아야 형량을 높게 때릴 수 있으니까.

대주주는 경영권을 방어해야 하기 때문에 우호지분을 끌어모은다. 대주주 측에서도 작전이 들어간다. 지인들이 아무런 이유 없이 사줄 리 없다. 대주주는 지인들한테 주가를 올려줄 테니 주식을 좀 사달라고 부탁한다. 최대주주와 특수 관계자가 주식을 사 모으거나 회사가 자사주를 사들이면 개인투자자는 주가가 저점이거나 숨은 호재가 있다고 보고 추격 매수에 나선다.

결국 기업 인수자 측의 적대적 M&A는 실패하더라도 주가는 오른다. 기업 인수자 입장에서 매집을 하면서 작업(1차)이 들어가고, 대주주 측에서 경영권 방어하려고 작업(2차)이 들어가고, 그러다가 기업 인수자가 인수에 실패할 경우에 자기 물량을 털어야 하기 때문에 작업(3차)에 들어가는 등…. 어떻게 하든 작업이 들어가기 때문에 주가는 오를 수밖에 없다.

내부자간 경영권 분쟁(승계)

회사를 승계하는 사람 둘이 있다고 해보자. A와 B. A한테 경영권이 넘어갈 것 같다. B가 A를 싫어한다. 기존 주가가 평탄하게 흘러간다고 치면, B는 작업 세력을 통해 주가를 일단 한 번 빼버린다. 개인투자자 물량을 먹어야 하고 주식을 싸게 사는 게 여러 면에서 유리하기 때문이다.

A 입장에서는 주가가 안 빠지는 게 좋다. B가 싼 가격에 주식을 대량으로 가져 갈 수 있기 때문이다. 그러면 B의 지분율이 더 높아진다. 예를 들어서 시가총액 1,000만 원짜리 기업을 100만 원에 10% 지분율을 가져올 수 있는데, 주가가 빠지면서 시가총액이 800만 원으로 내려앉으면 100만 원으로 12.5% 지분율을 가져가게 된다. B가 물량을 많이 모으려는 입장이므로 A는 주가를 높여야 한다. 비싼 가격에 사야 하는 B는 지분율이 낮아질 수밖에 없기 때문이다. 그래서 지키는 입장인 A에서 주가를 올리는 작업에 들어간다.

위의 예시는 A가 돈이 없을 때인 경우다. 그런데 A도 자본금이 많을 때, 즉 A와 B 둘 다 자본이 많을 때는 같이 주가를 눌러버린다. 주가가 확 낮아져도 A가 "그래 한번 해보자, 내가 더 사줄게", 하는 스탠스를 취할 수 있기 때문이다.

기업 매각 시

대주주가 기업을 매각할 때 기업가치는 1개월, 3개월 등 가중산술평균 종가를 기준으로 산정된다. 그래서 평균주가를 올려야 한다. 어떻게? 작업 세력에게 부탁한다. 재료를 줄 테니 언제까지 주가를 유지해달라는 부탁을 한다. 2,000원인 주가가 7,000원으로 올라간다. 그리고 5,000원에서 횡보한다. 그때 매각 체결을 한다. 매각공시가 뜨고 개인들의 사재기가 진행되면서 주가가 튀어 오른다. 그리고 **설거지**.

설거지
세력이 높은 가격에 모든 물량을 개인들한테 떠넘기는 것을 일컫는다. 팀으로 존재하며 작업팀과 다른 역할을 한다. 보통 지라시를 통해 역정보를 흘리거나 주식방송에서 증권전문가가 추천하는 경우도 있다.

기업이 전환사채를 발행하거나 유상증자할 때

꾸준히 수익을 내고 있는 정상적인 기업이 전환사채를 발행하거나 유상증자를 하는 것은 문제가 없다. 늘어난 수요량을 맞추기 위해 시설투자, 운영자금, 타법인 취득 등이 필요하고 이를 위해 전환사채를 발행하거나 유상증자하는 것은 주요한 호재이다.

그런데 수익을 내기 쉽지 않고 영업이익 적자만 나는 기업이 문제다. 이들은 사채업자에게 주가 조작으로 수익을 내주겠다고 약속하면서 전환사채를 발행하거나 유상증자를 한다. 발행 규모가 100억 원이면 작업 세력이 움직인다. 100억 원이면 주가 조작에 참여하는 세력들의 수수료로 충분하다. 그래서 전환사채나 유상증자 등 납입금액 100억 원 규모는 호재가 되는 것이다. 작업 세력이 개입해서 해당 기업의 주가를 올릴 것으로 예상할 수 있기 때문이다. 납입금액이 10억 원밖에 안 된다면 작전 세력이 나눠 가져갈 수수료가 얼마 되지도 않기 때문에 개입할 가능성이 없다.

유상증자는 신주를 발행해 자본을 늘리는 것으로 누구를 대상으로 발행하느냐에 따라 구분된다. 첫째, 주주 배정(기존 주주에게 신주 인수권을 준 뒤 해당 주주가 청약서에 서명해 투자금을 납입하는 방식), 둘째, 제3자 배정(특정 투자자를 대상으로 신주를 발행. 제3자가 청약서에 서명한 후 투자금을 납입하는 방식), 셋째, 일반 공모(신주 인수권을 배제하고 불특정 다수를 대상으로 신주를 발행하는 방식). 이렇게 세 가지가 있다.

실권주
주주 배정 유상증자 시, 기존 주주들이 새로운 주식을 다 사지 않아 남는 주식을 실권주라고 한다. 기존 주주가 살 권리를 포기한 주식이라는 뜻이다.

첫 번째 주주 배정 유상 신주를 발행했을 때 청약하고 남는 물량을 **실권주**라고 한다. 실권주는 제3자 배정 유상증자로 처리할 수 있다. 이 경우 보호예수가 적용되지 않아 배정받은 이는 언제든 매도할 수 있다.

세 번째 일반 공모는 신뢰를 잃은 기업이 진행하곤 한다. 기존 주주가 청약에 응하지 않을 것 같을 때 선택하기 때문이다. 제3자 배정 유상증자를 한다고 밝힌 기업에 투자할 때는 이를 연기하거나 철회할 가능성은 없는지 살펴야 한다. 제3자 배정 방식은 일반 공모에 비해 유상증자 성공 가능성이 높기 때문에 주가에 호재로 작용하는 경우가 많다. 이를 악용해 제3자 배정 유상증자를 공시한 뒤 주가가 오르면 이를 돌연 철회하는 경우도 발생한다. 그러면 주가가 급락해 개미만 피해 보게 된다.

유상증자 발행가를 결정할 때 할인율이 적용되는 점을 악용해 일반 공모로 가장하고 최대주주의 주변 지인이나 사채꾼도 주가 조작 세력으로 작전에 가담해 유상증자에 참여하는 경우도 많다. 아무도 모르는 코스닥 잡주에 일반 투자자들이 유상증자에 참여하지 않을 것으로 판단하기 때문이다. 「증권의 발행 및 공시 등에 관한 규정」 제5-18조 1항에 따르면, 일반 공모 방식으로 유상증자를 하는 경우 그 발행가액은 기준가의 30%까지 할인할 수 있다(제3자 배정 방식의 경우 할인율은 10%까지 가능). 이러한 코스닥 잡주의 최대주주는 당연히 세력에게 유리하게끔 최대 할인율까지 꽉꽉 채워서 30% 할인율을 적용한다. 세력이 주가를 유지시키기만 하면 30% 수익을 공짜로 먹는 구조를 취하게 되는 것이다.

전환사채를 통해 세력이 이미 지분을 확보한 경우에도 유상증자에 참여하는 경우가 있다. 주가가 낮아졌을 때 유상증자하면 낮아진 주가에다 할인된 가격에 신주를 받을 수 있기 때문이다. 주주 배정 방식이라면 할인율에 제한이 없다. 통상

20%이긴 하나 30% 이상까지 받는 경우가 있어서 이 점을 악용하는 세력이 있다는 점을 명심해야 한다.

보통 유상증자 신주가 상장되기 이틀 전에 주가는 하락한다. 세력이 신주 물량을 갖고 있지도 않은데 왜 주가가 하락하냐고? **공매도**를 이용한 것이다. 현재 없는 주식을 먼저 매도하고 매수하는 제도를 이용한 것이다. 유상증자뿐만 아니라 전환사채, 신주인수권부사채 발행으로 신주가 상장될 때도 마찬가지다. 국내 주식의 결제주기가 **T**+2일이라 그렇다.

공매도
없는 주식을 빌려서 팔아치우고, 나중에 주가가 하락하면 낮은 가격에 사서 다시 갚는 것이다.

T
약정일을 일컫는다. 국내 주식의 결제는 약정일(거래가 체결된 날)을 포함해서 3일째 되는 날 이루어진다.

전환사채 발행 결정 공시를 읽자

전환사채권 발행결정

1. 사채의 종류		회차	16	종류	무기명식 이권부 무보증 사모전환사채
2. 사채의 권면(전자등록)총액(원) ─ ①					15,000,000,000
2-1. 정관상 잔여 발행한도 (원)					282,000,000,000
2-1. (해외발행)	권면(전자등록) 총액(통화단위)		-		-
	기준환율등				-
	발행지역				-
	해외상장시 시장의 명칭				-
3. 자금조달의 목적	시설자금(원)				-
	영업양수자금(원)				-
	운영자금(원)				-
	채무상환자금(원)				-
	타법인증권취득자금(원) ─ ②				15,000,000,000
	기타자금(원)				-
4. 사채의 이율	표면이자율(%)				1.00
	만기이자율(%)				1.00
5. 사채만기일					2023년 09월 25일
6. 이자지급방법		본 전환사채의 이자는 발행일로부터 원금상환기일 전일까지 계산하며, 발행일 기준 매 3개월 단위로 이자지급기일 당일 현재 본 저환사채의 미상환원금잔액에 1.0% 이율에 따라 산출한 금액을 후급한다. 다만, 각 이자지급기일이 영업일이 아닌 경우에는 그 직후 영업일로 하고 이자지급기일 이후의 이자는 계산하지 아니한다.			
7. 원금상환방법		만기까지 보유하고 있는 본 사채의 원금에 대하여는 2023년 9월 25일에 권면금액의 100.0000%에 해당하는 금액을 일시상환한다. 단, 상환기일이 은행영업일이 아닌 경우에는 그 다음 영업일에 상환하고 원금상환기일 이후의 이자는 계산하지 아니한다.			
8. 사채발행방법		사모			
③	전환비율(%)				100.00
	전환가액(원/주)				4.779
	전환가액 결정방법	본 사채발행을 위한 이사회 결의일 전일을 기산일로 하여 그 기산일로부터 소급하여 산정한 1개월 가중산술평균주가, 1주일 가중산술평균주가 및 최근일 가중산술평균주가를 산술평균한 가액과 최근일 가중산술평균주가 및 청약일(청약일이 없는 경우는 납입일)전 제3거래일 가중산술평균주가 중 높은 가액으로서 원단위 미만을 절상한 금액			
전환에 따라 발행할 주식	종류	OOOOOOO주식회사 기명식 보통주			
	주식수 ─ ④				3,138,731
	주식총수 대비 비율(%)				5.54
⑤ 전환청구기간	시작일	2021년 09월 25일			
	종료일	2023년 08월 25일			

전환사채 발행 결정 공시이다. 투자할 회사일 경우 꼼꼼히 읽어두자.

① 사채의 권면총액: '150억 원'으로 전환사채의 발행규모를 의미한다.
② 타법인 증권 취득자금: 전환사채 발행 목적이다.
③ 전환가액: 주당 4,779원이다. 전환권을 청구하면 보통주 1주를 4,779원에 받을 수 있다.
④ 전환에 따라 발행할 주식수: 권면총액150억 원을 4,779원으로 나눈 3,138,731주가 된다.
⑤ 전환청구기간: 권리행사 기간으로 2021년 9월 25일부터 2023년 8월 25일까지이다. 2021년 9월 25일부터 전환청구권을 행사할 수 있다는 의미이다. 보통 전환청구권 행사는 발행일로부터 1년이 지난 시점부터이다. 보호예수 기간이다.

특정인에 대한 대상자별 사채발행내역

발행대상자명	회사 또는 최대주주와의 관계	발행권면(전자등록) 총액(원)
OO투자조합	최대주주의특별관계자	15,000,000,000

사채발행 대상도 중요하다. 전환사채를 받는 주체가 누구인지 알 수 있다. 코스닥 잡주의 공시를 꾸준히 보다 보면 '~조합'으로 끝나는 사모 형태의 투자법인을 확인할 수 있다. 그리고 그 조합들의 이름이 눈에 자주 밟힐 것이다. 전환사채 인수자, 즉 세력주 간 서로 지분관계가 얽히고 설켜 순환 구조를 이루는 것이다.

4

수시로
전환사채 발행하다

전환사채가 많은 기업은
세력의 먹잇감이 될 수밖에 없다.
주식으로 전환해서 주가가 오르면
언제든지 먹고 빠질 수 있다.

전환사채는 세력에게 주식을 공급하는 통로

전환사채는 일정한 조건에 따라 발행 회사의 주식으로 전환할 수 있는 권리가 부여된 채권으로, 전환 전에는 사채로 확정 이자를 받을 수 있고 전환 후에는 주식으로 이익을 얻을 수 있는 사채와 주식의 중간 형태를 취한 채권이다.

전환사채는 일정 기간이 지나면 주식으로 바꿀 수 있는 채권이다. 즉 일정 기간 동안 이자를 받다가 주식으로 전환해 시세 차익을 얻을 수 있다.

그렇다고 아무 조건 없이 바꿀 수 있는 것은 아니다. 일정 기간이 지난 뒤에 주식으로 전환할 수 있다. 주식으로 전환할 수 있는 만큼 이자가 낮다. 영업 손실만 계속되는 코스닥 잡주의 입장에서는 이자비용이 절감되어 좋다. 채권을 주식으로 전환할 수 있는 시점과 전환가격은 사채 발행 당시에 미리 정해둔다. 만약 전환사채 1주당 전환가격이 500원인데 전환할 수 있는 시점에 이르러 주가가 3,000원이라면, 투자자는 채권을 주식으로 전환해서 팔면 1주당 2,500원의 이익을 얻을 수 있다. 전환사채를 주식으로 전환하면 채권은 소멸한다. 만약 주가가 전환가격보다 낮으면 그냥 채권으로 보유하면서 만기까지 이자를 받을 수 있다.

특이한 점은 전환사채의 전환가격을 조정(리픽싱)할 수 있다는 것이다. 주가가 하락하면 전환사채를 발행한 기업에 요청해 전환가격을 조정하는 개념을 소위 리픽싱(refixing)이라고 하는데 일반적으로 최초 발행가의 70% 이상이어야 한다(간혹 액면가액까지 전환가액을 조정할 수 있다고 기재된 경우가 있는데, 이를 위해서는 주주총회 특별결의를 통해 정관을 수정한 후 전환사채를 발행해야 한다). 세력의 입장에서 당연히 최소 70%까지 발행가액을 낮추는 것이 좋다. 이렇게 되면 나중에 받게 될 주식이 늘어나고, 주가가 오르면 수익률도 높아질 수 있는 일석이조(一石二鳥)의 효과를 누릴 수 있기 때문이다.

그리고 3개월이 되는 날 혹은 3개월마다 전환가액을 조정한다는 조항이 공시에 기재되어 있고 전환가액 조정이 지속적으로 이루어진다면 눈치채야 한다. 세력은 마치 주가 하락을 이미 3개월 전부터 예상이라도 한 듯 떨어진 주가만큼 낮은 평단가에 더 많은 물량을 매집하는 것이다.

그러나 최근에 규정이 바뀌었다. 원래 주가가 상승할 때는 전환가액 상향 조정이라는 것이 없었지만, 주가 하락으로 전환가액을 하향 조정 후 주가가 상승하면 전환가액을 상향 조정하도록 바뀐 것이다. 그러나 이렇게 변경된 법이 세력에겐 영향이 크지는 않을 것이다. 법의 사각지대는 얼마든지 있기 마련이다.

최근 10년 간 CB 발행 상위 기업과 주가

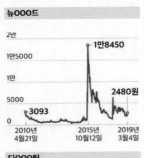

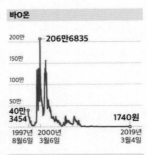

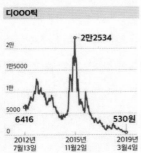

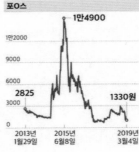

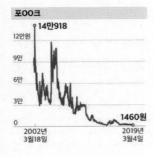

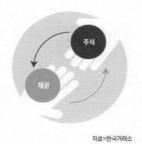

자료=한국거래소

최근 10년간 전환사채 발행 상위 기업의 주가 전환사채(CB)의 그늘, 물량폭탄에 주가 곤두박질로 개미만 눈물을 흘린다.

주식으로 주가를 끌어올리는 것은 한계가 있다. 주식을 매집하더라도 물량을 털 때 받아줄 주체가 없으면 문제가 생기기 때문이다. 주식을 매집할 때 여러 계좌에서 사야 하는 불편함도 수고스럽다.

성명 (명칭)	생년월일 또는 사업자등록번호 등	변동일*	취득/처분 방법	주식등의 종류	변동 내역			취득/처분 단가**	비 고
					변동전	증감	변동후		
OOOOOO㈜	ooo-ooo-ooooo	2019년 07월 17일	CB인수(+)	전환사채권	-	793,651	793,651	1,764	주1)
△△△△△△㈜	ooo-ooo-ooooo	2019년 07월 17일	CB인수(+)	전환사채권	-	113,379	113,379	1,764	주2)
□□□□□□㈜	ooo-ooo-ooooo	2019년 07월 17일	기타(+)	전환사채권	-	243,665	243,665	2,052	주3)

2. 세부변동내역

주1) OOOOOO㈜는 2019년 7월 17일 XXXXXXXX 9회차 전환사채권 총액 일십사억원을 매수하였습니다.

주2) △△△△△△㈜는 2019년 7월 17일 XXXXXXXX 9회차 전환사채권 총액 이억원을 매수하였습니다.

주3) ㈜□□□□□□는 XXXXXXXX 10회차 전환사채를 7월 9일 수령하였으나, 당시 보고서상에서는 특별관계자에 해당되지 않았습니다. 하지만, OOOOOO (주)의 필OOO케어 9회차 전환사채 인수로인해 특별관계자로 편입되었습니다.

※ 자본시장과 금융투자업에 관한 법률 시행령 제154조제4항의 규정에 따라 국가, 지방자치단체, 한국은행, 보고특례 적용 전문투자자(증권의 발행 및 공시에 관한 규정 제3-14조)의 경우에는 「변동일」 란은 보고의무발생일을 의미하고 「취득/처분방법」, 「취득/처분단가」 란은 그 기재를 생략할 수 있음

• 증권시장에서 주식등을 매매한 경우에는 그 계약체결일
•• 주식 외의 증권의 경우 해당 증권의 행사(전환 · 교환)가액 또는 해당 증권의 권리 행사로 취득 · 처분하는 주식의 매매단가를 의미하며, ( )의 금액은 해당 증권의 매

필OOO케어(현재 피OOO씨) 공시자료 - 보고서명: 주식 등의 대량보유상황보고서(약식) 공시를 통해 사모펀드들(세력)의 전환사채로 주식을 매집하고 있는 것을 알 수 있다.

주식으로 소유권 이전해서 장외거래하는 방식도 있는데, 선호하진 않는다. 전환사채를 선호하는 이유는 전환가액 때문이다. 주식 가격이 3,000원이라면 보통 전환사채 전환가액은 3,000원보다 낮은 경우가 대부분이기 때문에 전환사채를 선

호한다.

전환사채는 다른 주체에게 넘겨주기 편하다. 전환사채를 갖고 있으면 주주현황에 높은 지분을 가지고 있는 것처럼 보이지 않는다. 착시효과다. 대개 기업사냥꾼들이 진짜 이름을 보여주기 싫어서 '~투자조합'이라는 가명으로 지분을 많이 보유한다. 사모투자합자회사(사모펀드)가 최대주주로 변경되는 공시가 뜬다면 이들은 세력이다. 이들은 새롭게 사모투자회사를 설립하지 않고 기존의 것을 인수하는 방식을 취하면서 최대주주로 등극한다. 과거에 주가 조작으로 처벌받은 이력이 있어 사모펀드를 설립한다면 이러한 이력을 감출 수 없기 때문이다.

공시를 잘 찾아보면 '주식 등의 대량보유상황보고서'에서 최대주주가 누구인지 퍼즐 맞추듯 알 수가 있다. '세부변동내역'을 보면 지분을 어떻게 소유하고 있는지 또 전환사채권임도 알 수가 있다.

주식을 매집하다가 작업이 빠그라지는 경우가 있다. 그러면 작업 세력도 물린다. 그러나 전환사채는 어떤가. 리픽싱(전환가액 조정)이 이루어진다. 즉 물리지 않는다. 전환사채를 장외에서 거래하고 상장시키면 매매 주체의 이름이 드러난다. 그러나 회사에 대한 지분 보유율이 5% 미만이면 티가 안 난다. 전환사채 500억 원을 가져왔다고 치자. 이걸 다른 세력에게 20억 원 어치를 넘겨줘도 5%(25억 원)가 안 되기 때문에 티가 안 난다.

때로는 5% 지분을 넘겨서 지분을 매입하고 있다는 정보를 공개하기도 한다. 미리 차명계좌 등을 통해 상당한 지분을 확보한 다음에 한 계좌로만 5%를 넘긴다. 그러면 적대적 M&A 세력이나 슈퍼개미가 주가 폭등을 기대하고 매수했다는 인식을 개미들에게 심어줄 수 있기 때문이다.

주식보유 현황에 5% 지분이 없다면 공시의무가 없다. 규정에 따르면 지분 5% 이상을 보유하게 되면 그날부터 5일 이내에 보유 상황과 목적을 보고해야 한다. 다만, 유가증권시장의 경우에는 지분이 5%가 넘지 않더라도 최대주주는 무조건 지분을 신고해야 한다. 물론 차명 보유 주식도 신고해야 한다. 만약 최대주주가 차명으로 보유한 주식을 신고하지 않으면 소유주식상황보고와 대량보유보고 의무 위반으로 처벌받을 수 있다. 기관투자자들은 경영권에 영향을 주지 않는다면 5% 이상 지분 보유와 변동 사항을 그다음 달 10일까지 보고하면 된다. 그러나 회사 관계자는 지분이 1%만 있어도 공시해야 할 의무가 있다. 상장기업의 임원이나 주요 주주가 된 날부터 5일 이내에 소유상황을 보고해야 한다는 규정이다. 지분 변동이 있을 때에도, 변동이 있는 날부터 5일까지 증권선물위원회와 거래소에 보고해야 한다(자본시장법 173조).

결국 세력들은 전환사채를 주인 없는 주식으로 바꾸어 놓는다. 그러면 전환사채의 원래 주체는 문제가 없게 된다. 이들이 전환사채를 장내매도한다. 장내매도가가 전환가액보다 낮더라도 다른 주체에게 전환사채를 넘겨주고 주가 조작을 하는 것이다.

그래서 전환사채를 많이 발행하는 기업은 좋은 기업이 아니다. 시장에서 급등하는 종목들의 대부분은 기업이 돈이 없어 전환사채를 이용해서 주가 작업을 하는 것이다.

전환사채가 많은 기업은 작업 세력들의 먹잇감이 될 수밖에 없다. 전환사채는 발행된 지 1년이 지나야 전환청구 기간이 도래한다. 이때를 기준으로 한두 달 내외로 작업이 시작된다. 주식으로 전환해서 주가가 오르면 언제든지 먹고 나올 수 있

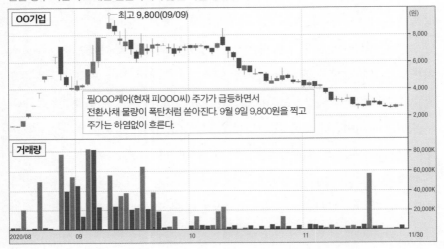

OO기업 — 최고 9,800(09/09) (원)

필OOO케어(현재 피OOO씨) 주가가 급등하면서
전환사채 물량이 폭탄처럼 쏟아진다. 9월 9일 9,800원을 찍고
주가는 하염없이 흐른다.

거래량

2020/08   09   10   11   11/30

다. 사채권자 입장에서 전환사채를 1년이나 들고 있었기 때문에, 전환가액 대비
주가의 목표가는 최소 2배이다. 기업의 대주주나 기업사냥꾼이 그 정도는 보장
해주겠다고 약속하고 주가 조작 팀에게 작업을 실행시킨다.

전환청구 기간이 도래한 전환사채를 가진 기업들이 많다. 전환사채 추가 상장이
이미 이루어졌는데 주가는 바닥권이다? 그러면 극도로 오를 일만 남은 것이다.
상장폐지가 되지 않는 이상 전환사채가 있는 기업의 주가는 올라간다. 주가 작업
세력은 전환사채에서 전환된 주식을 이것저것 재료(필)를 섞어서 주가를 띄운다.
실패하면 그냥 아무 이유 없이 두 배 이상 올려놓고 털어버린다.

서로 다른 세력 간에 손 바뀜이 일어나기도 한다. 어떻게 알 수 있나? 먹거리가 새
로 들어와서 그렇다. 이 먹거리는 어떻게 파악하는가? 앞에서 설명한 것처럼 '주
식 등의 대량보유상황보고서'를 통해 '전환사채 취득 및 조합원 탈퇴' 등의 보고

세력간 손 바뀜 차트

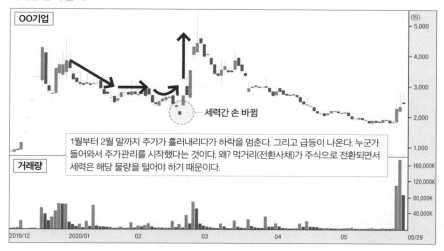

OO기업

1월부터 2월 말까지 주가가 흘러내리다가 하락을 멈춘다. 그리고 급등이 나온다. 누군가 들어와서 주가관리를 시작했다는 것이다. 왜? 먹거리(전환사채)가 주식으로 전환되면서 세력은 해당 물량을 털어야 하기 때문이다.

사유로 확인할 수 있다.

코스닥 잡주가 대규모 유상증자하면 99% 작전

300억~500억원 규모의 적자기업에 전환사채, 제3자 배정 유상증자는 무조건 작전이 들어간다. 한 가지 또 있다. 대규모 유상증자다. 정확하게는 '구주주 우선배정 유상증자'이다. 이노OOOO먼트는 2019년 12월 20일(금) 379억 원 규모 주주배정 후 실권주 일반공모 유상증자 결정을 공시했다. 시가총액은 350억~400억원 사이인 회사이다. 대규모 유상증자가 나오면 늘어나는 주식 수 때문에 주식가치가 희석된다. 그래서 유상증자 결정 발표 바로 다음 거래일, 2019년 12월 23일(월) 주가는 하한가를 쳤다.

이노OOOO먼트 구주주 우선배정 유상증자 결정

2020/01/14	15:26:57	(주)이노OOOO먼트 (정정)유상증자결정(주주배정후 실권주 일반공모)				이노OOO	코스OOO
2019/12/23	10:30:11	[특징주] 이노OOOO먼트, 대규모 유상증자 결정에 급락				이노OOO	이OOO
2019/12/20	16:33:05	이노OOOO먼트(215790), 유상증자 결정(보통주 신주 2000만주)				이노OOO	헤OO경제
2019/12/20	16:28:37	이노OOOO먼트, 379억원 규모 주주배정후 실권주 일반공모 유상증자 결정				이노OOO	인포OO
2019/12/20	16:28:34	(주)이노OOOO먼트 유상증자결정(주주배정후 실권주 일반공모)				이노OOO	코스OOO
2018/04/26	17:11:42	(주)이노OOOO먼트 유상증자결정(종속회사의 주요경영사항)				이노OOO	코스OOO

이노OOOO먼트, 379억원 규모 주주배정후 실권주 일반공모 유 ☑뉴스창에 종목연동 □내용자동

제목 : 이노OOOO먼트, 379억원 규모 주주배정후 실권주 일반공모 유상증자 결정

이노OOOO먼트(은)는 운영자금 등 확보 목적으로 20,000,000주(379억원) 규모의 주주배정후 실권주 일반공모 방식의 유상증자를 결정했다고 공시했다. 신주배정 기준일은 2020년01월17일이며, 주당 약 0.99주를 배정한다. 예정발행가는 1,895원, 청약 예정일은 2020년02월24일~2020년02월25일(구주주), 신주의 상장 예정일은 2020년03월13일이다.

이대로 끝인가? 아니다. 적자투성이 '코스닥 잡주'의 대규모 유상증자에는 언제나 주가 조작이 붙는다. 먼저, 소형주가 구주주 우선배정 유상증자를 하는 이유를 알아보자. 기업이 시가총액 규모로 전환사채나 제3자 배정 유상증자를 할 수가 없다. 경영권이 넘어갈 수 있다. 대주주의 지분율은 떨어지고 전환사채를 주식으로 전환하는 투자자나 유상증자로 배정된 제3자의 지분율이 올라가기 때문이다.

그래서 대주주는 경영권을 훼손시키지 않기 위해 구주주 우선배정 유상증자를 하는 것이다. 하지만 '대규모' 유상증자 결정으로 인해 주가가 많이 빠져버리면 유상증자에 참여한 기존 주주들에게 지급되는 신주 수가 많아지기 때문에(유상증자 납입금은 고정이다. 유상증자 발행가액이 낮아지면 신주 물량은 늘어난다.) 대주주의 지분율이 상대적으로 하락한다. 대주주 입장에서는 이걸 막아야 한다. 이때 주가 작업이 들어간다.

이노OOO먼트 유상증자 결정 바로 다음 날 하한가

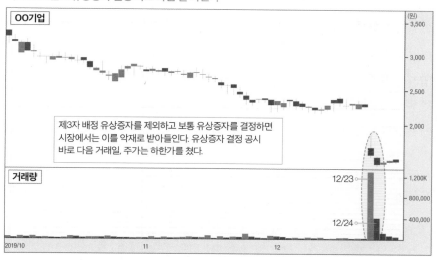

제3자 배정 유상증자를 제외하고 보통 유상증자를 결정하면
시장에서는 이를 악재로 받아들인다. 유상증자 결정 공시
바로 다음 거래일, 주가는 하한가를 쳤다.

유상증자 발행가액을 높이기 위한 주가 조작

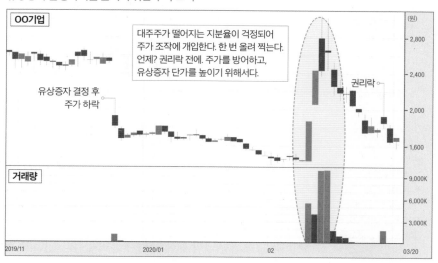

대주주가 떨어지는 지분율이 걱정되어
주가 조작에 개입한다. 한 번 올려 찍는다.
언제? 권리락 전에. 주가를 방어하고,
유상증자 단가를 높이기 위해서다.

주가가 떨어지는가 싶더니 갑자기 빵 터진다. 첫 번째 주가 조작이 들어간 것이다. 작업하는 세력이 해준 것이다. 왜? 대주주의 주식가치가 떨어지고 지분율이 떨어지니까, 유상증자 발행가액(단가)을 높이기 위해서 대주주의 요청으로 작업 세력이 주가 조작에 개입한 것이다. 참고로 유상증자 결정을 발표하고 주가가 안 빠지면 주가 조작을 안 한다. '적어도 빠진 만큼 주가를 되돌려 놓게 되어 있다.' 그래서 밥그릇 모양이 적자 소형주에서 나온다.

적자 소형주에서 대규모 유상증자 시 많이 보이는 밥그릇 모양 차트

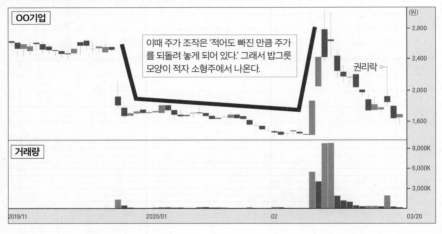

작업팀은 주가를 올린 다음에 유상증자를 받나? 아니다. 유상증자는 돈을 내고 주식을 사는 것이기 때문에 작업팀은 그냥 주가만 올려주고 대주주한테서 수수료를 받는다. 이들은 **권리락** 전에 잠시 빠져나간다. 그래서 권리락 전에 주가가 흘러내린다. 권리락 후

권리락
기업이 유·무상 증자 시 기존 주주에게 새 주식을 먼저 살 기회를 준다. 이것이 신주인수권이다. 권리락은 이 신주인수권이 없음을 말한다.

에는 재매집하고 다시 주가를 올려준다. 아래와 같이 두 번 올렸다 찍어버리는 패턴으로 매집을 빠르게 마무리하고 주가를 올려놓는다. 왜? 주가를 매력적으로 만들어서 구주주에게 배정된 신주인수권을 포기하지 않게 하는 것이 중요하기 때문이다. 현재가를 신주 발행가액보다 높은 상태로 주가를 올려 개미들에게 유상증자 청약을 받으라고 유도하는 것이다. 그렇다면 주가를 올리는 기간은 언제까지일까? 유상증자 물량이 상장되기 전까지 이 기간 동안 작업팀은 마미손을 꺼내 설거지를 실시한다.

세력의 매집과 설거지

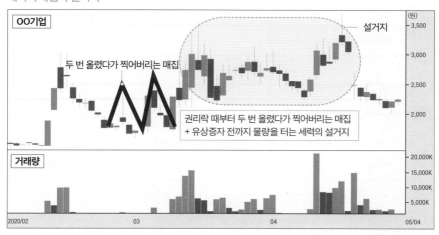

유상증자 물량이 나오기 전에 작업팀은 설거지를 해야'만' 한다. 왜? 작업치는 애들이 유상증자 물량까지 다 설거지를 할 수 없기 때문이다. 350억 원에 달하는 물량이 상장되는데 작업팀은 이 물량을 다 못 받아낸다. 보통 설거지의 차트는 쌍봉이나 고가놀이 형태이다. 쌍봉의 경우 주가를 올리면서 첫 번째 봉(외봉)에서 물량을 털고, 주가를 내리면서 물량을 털었다가 재매집하고 주가를 끌어올리면서 두 번째 봉(쌍봉)에서 설거지하는 것이다. 고가놀이로 설거지하는 방식은 단순히 처음 주가를 올리고 주가가 많이 내려가지 않게 하면서 물량을 다 털어버리는 것이다. 위 차트는 후자의 경우인데 작업팀의 스킬을 요한다. 캔들의 꼬리가 위아래 달리는 등 차트가 깔끔하지 않고 지저분해졌을 뿐이다. 참고로 유상증자 발행가액은 1,800원이었다. 세력의 평단가가 높았기 때문에 좀 위에서 설거지가 끝났다. 이제 추락한 가격에 유상증자 물량이 들어온다. 주가 작업은 이미 끝났다. 350억 원짜리 물량이 상장됐기 때문에 이 이후로는 주가는 하향길을 걸을 수밖에 없다.

정리해보자. 적자투성이 코스닥 잡주의 시가총액 규모 유상증자의 경우, 유상증자 결정으로 인해 주가가 빠지면(안 빠지면 작업이 안 들어간다), 권리락 전에 주가는 오르내리다가 권리락 후에 주가가 다시 오르면서 거래량이 터진다(설거지). 유상증자 물량이 상장되기 전까지.

또 한 가지 팁. 350억 원짜리 물량이 상장됐기 때문에 이 이후로는 주가는 계속 내려갈 수밖에 없다. 유상증자를 받은 개인투자자들의 유상증자 발행가액은 1,800원이었다. 이들은 주가가 조금이라도 내려갈 듯하면 매도하고 빠져나간다(물론, 매도하지 못하고 물려버리는 개인들도 있을 것이다). 이전에 고가권에서 설거지 당했던 개인들은 거의 대부분 매도를 못 했다. 개인들은 손해 보고 손절 칠 일이 없기 때문이다. 주가가 흘러내릴 때 유상증자 발행가액보다도 낮아지면 개인들은 추매(물타기)하기 시작한다. 점차 증가하는 개인들의 매수세로 자연스럽게 매도세가 감소하고 차트가 바닥을 잡는다. 안정적으로 횡보를 유지하는 차트 덕분에 새로운 개인들이 유입되어 매수세가 더 강해지고 점차 주가가 올라가게 된다.

추매한 개인들이 만든 차트

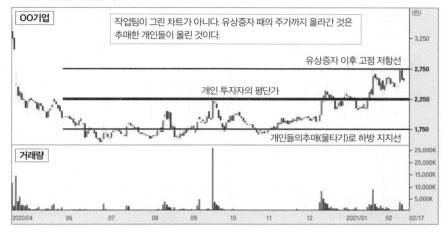

오로지 차트를 보는 개인들이 몰리면서 주가가 올라간 것이다.

세력이 들어온 흔적은 없다. 권리락과 유상증자 사이에 쌓인 악성매물이 많기 때문이다. 악성매물이 많으면 작업팀은 주가 조작을 쉽게 할 수 없다. 악성매물이란 주가를 올려 찍을 때 특정 구간(물타기한 개인들의 평단가는 대략 2,200원대로 추정)에서 출회하는 대량 매물을 말한다. 이 매물을 작업팀이 다 받아먹어야 한다면 작업을 섣불리 안 한다. 주가 조작을 요청한 세력이 10억 원, 혹은 20억 원 준다고 해도 안 한다. 자칫 건드렸다가 차트가 무너지고 돈도 못 받기 때문이다. 특정 목표가까지 못 올리면 한 푼도 못 받는다. 아, 그나마 착수금은 받을 수 있겠다. 2억, 3억 원 받고 끝난다. 이 정도 돈벌이하자고 작업팀이 자기 돈과 시간을 쓰겠는가? 주가를 올려치다가 오히려 자기 돈도 물려버리기 십상인데.

유상증자 공시를 읽자

유상증자 결정

①	1. 신주의 종류와 수	보통주식 (주)			27,138,644	
		기타주식 (주)			–	
	2. 1주당 액면가액 (원)				500	
	3. 증자전 발행주식총수 (주)	보통주식 (주)			53,560,160	
		기타주식 (주)			–	
②	4. 자금조달의 목적	시설자금 (원)			–	
		영업양수자금 (원)			–	
		운영자금 (원)			–	
		채무상환자금 (원)			35,687,316,860	
		타법인 증권 취득자금 (원)			–	
		기타자금 (원)			–	
	5. 증자방식				주주배정 후 실권주 일반공모	
③	6. 신주 발행가액	확정발행가	보통주식 (원)		1,315	
			기타주식 (원)		–	
		예정발행가	보통주식 (원)	–	확정 예정일	2021년 07월 05일
			기타주식 (원)	–	확정 예정일	–
	7. 발행가 산정방법			23. 기타 투자판단에 참고할 사항 가. 신주 발행가액 산정방법 참조		
④	8. 신주배정기준일			2021년 06월 08일		
⑤	9. 1주당 신주배정주식수 (주)			0.5067149811		
	10. 우리사주조합원 우선배정비율 (%)			–		
	11. 청약예정일	우리사주조합	시작일	–		
			종료일	–		
		구주주	시작일	2021년 07월 08일		
			종료일	2021년 07월 09일		
	12. 납입일			2021년 07월 16일		
	13. 실권주 처리계획			23. 기타 투자판단에 참고할 사항 나. 신주의 배정방법 참조		
	14. 신주의 배당기산일			2021년 01월 01일		
	15. 신주권교부예정일			–		

⑥	16. 신주의 상장예정일	2021년 07월 29일
	17. 대표주관회사(직접공모가 아닌 경우)	한국투자증권(주)
	18. 신주인수권양도여부	예
	- 신주인수권증서의 상장여부	예
	- 신주인수권증서의 매매 및 매매의 중개를 담당할 금융투자업자	한국투자증권(주)
	19. 이사회결의일(결정일)	2021년 05월 18일

- 사외이사 참석여부	참석(명)	2
	불참(명)	2

- 감사(감사위원) 참석여부		참석
20. 증권신고서 제출대상 여부		예
21. 제출을 면제받은 경우 그 사유		-

22. 청약이 금지되는 공매도 거래 기간	해당여부	아니오
	시작일	-
	종료일	-
23. 공정거래위원회 신고대상 여부		미해당

유상증자 결정 공시이다. 신주의 모든 조건을 명시하고 있다.

① 신주의 종류와 수: 보통주 27,138,644주가 발행된다.
② 자금조달의 목적: 채무 상환. 그 금액은 35,687,316,860원이다.
③ 신주 발행가액: 1,315원으로 나와 있는데, 보통주와 발행가액을 곱한 금액이 자금조달 금액과 일치하므로 전부 채무 상환을 위한 목적으로 쓰인다.
④ 신주배정기준일: 신주를 배정받는 기준일인데, 해당 일까지 주식을 보유하고 있으면 유상증자 청약대상자가 된다.
⑤ 1주당 신주배정주식수: 0.5067149811이라 기재되어 있다. 1주당 0.506...주를 받는다는 의미이다. 즉, 해당 종목의 발행주식 총수의 50.67...%가 신주로 발행된다는 뜻이다.
⑥ 신주의 상장예정일: 2021년 7월 29일로 실제 청약 후 주식이 계좌에 입고돼 매매가 가능한 시점이다.

5

작전이
시작되다

기업이나 쩐주가 등장해 묵혀둔 공시, 뉴스를 띄운다.
주가를 살짝 쳐주면 개미들이 받고
작업팀은 자전거래만 돌려준다.
주가는 알아서 올라간다.

작전의 주체들

주가 조작 작전은 대주주와 쩐주(전주)가 결탁해 주가 조작 세력이 되어 주식을 부양하는 식이다. 작전은 누가 하는가? 첫째, 작전 설계자이다. 작전 설계자는 크게 대주주와 쩐주이다. 작전 설계는 대부분 기업사냥꾼(혹은 사채꾼)이 맡아서 기업의 대주주에게 제안하는데, 파산하기 직전 상장폐지 위기 기업의 대주주가 역으로 먼저 제안하기도 한다. 왜? 어차피 손실만 나는 기업은 영업을 지속해도 손해만 나니까 주가 조작해서 한탕 해먹고 탈출하기 위함이다. 둘째, 주가 조작 작업팀으로 주가를 운전하는 실무자 팀이 있다. 전문 트레이너들이라 '선수'라고도 부른다. 이들은 주가를 띄우기 위해 시장의 심리를 활용한다. 호재성 재료(펄)와 호가창에서 벌어지는 매매를 다룰 줄 아는 기술자다.

재료가 있을 경우 공시를 '묵혀둔다'. 호재는 기업의 내부관계자만 알고 있고 공시를 일부러 바로 띄우지 않는 것을 말한다. 작업팀이 사인을 보낼 때까지 묵혀둔다. 주가 조작을 하려면 매집이 필요하기 때문이다.

기업(대주주)
재료가 있는 기업을 말한다. 실적, 대형계약, 신규사업과 같은 재료는 호재다.

쩐주(전주)
기업사냥꾼, 사채꾼을 일컫는다. 쩐주들이 직접 작업팀을 꾸리거나 브로커를 낀다.
트레이더들을 고용해 계좌 25~30개를 동시에 자전거래 매매를 한다.
혹은 브로커를 통해 작업팀을 소개받기도 한다. 애널리스트도 있다.

작업팀이 유통물량을 가져오는 매집을 끝내고 나서 주가를 올려칠 때 기업이나 쩐주가 등장한다. 주가를 올려치다보면 기존 주주들이 팔아버리기 때문에 매입에 돈이 많이 들어가 작업이 쉽지 않다. 그래서 이 물량을 받아줄 신규 개인투자자가 필요하다.

기업이나 쩐주는 이 쓰레기 기업의 모든 모습이 매력적으로 보이게끔 만들어야 한다. 주가 조작을 하려면 누구나 이 기업을 사고 싶게 만들어야 하기 때문이다. 달리 말하면 이 기업을 누구나 안 팔고 싶게 만드는 것이다. 기업이나 쩐주가 등장해서 묵혀둔 공시, 뉴스 등을 띄운다. 그러면 신규 개미들이 유입된다. 주가를 살짝만 쳐주면 개미들이 받아주게 되고 작업팀은 자전거래만 돌려주면 주가는 알아서 올라간다.

반대로, 세력이 처음 매집을 할 때는 누구나 사고 싶은 종목이 되면 안 된다. 누구나 팔고 싶게 만들어야 한다. 그래야 낮은 가격에 매집을 할 수 있고 유통물량을 1%라도 더 잡는다. 방법은 다음과 같다.

작전 개시

세력이 매집을 하려면 가격 조정과 기간 조정이 필요하다. 가격 조정은 말 그대로 주가를 급락시켜 손절치는 개미들의 물량을 잡아먹는 것이다. 그래도 안 나오는 물량이 있으면 주가 상승 없이 시간을 질질 끌어서 개미들이 손절하게끔 만든다. 이것이 기간 조정이다. 이때 개미들의 심리를 이용한다. '질질 끌어봐야 어차피 안 오를 종목 그냥 손절하고 다른 종목으로 갈아타자'라는 마음을 갖게 하는 것이다. 이러한 조정은 기간이 정해져 있지 않다. 세력이 유통물량을 최소 20~30% 확보할 때까지가 답일 수밖에 없다.

이 과정에서 주가가 급등하기도 한다. 앞서 배운 매집봉을 다시 떠올려보자. 긴 피뢰침이 달린 캔들. 세력들이 수익권 기회를 몇 번 주면 물려 있던 개인들은 본전권만 와도 팔아버리기 때문에 매집봉이 나오는 것이다. 주가를 상승시키는 것도

작전 과정

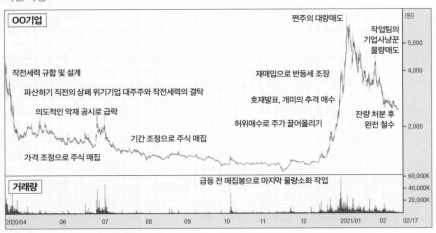

84   세력

세력의 마음이다. 단, 힌트는 있다. 전환사채가 주식으로 전환되어 상장이 임박할 때 공시가 뜬다. 그리고 급등열차가 출발하기 전에 또 한 번 매집봉이 나온다. 그러면 곧 주가가 상승하겠구나 판단할 수 있다.

작전의 전개 과정을 매집과 급등으로 나누어서 차트로 살펴보자.

> **1. 매집**
> - 기간 조정
> - 급등 후 눌림
> - 급락
>
> **2. 급등**

1. 매집: 매집은 기간 조정, 급등 후 눌림, 급락의 과정을 거친다.

기간 조정

거래량 없이 주가가 계속 흘러내리기(세력이 주가를 관리하지 않으면 거래량 없이 주가는 지하실 바닥까지 우하향 길을 걷는다)만 하면 개인은 3개월 이내에 대부분 손절을 친다. 3개월은 개인에게 꽤 긴 기간이다. 한 분기에 해당하는 그 기간 동안 자신이 투자하지 못했던 여러 종목들의 주가가 올라가면 놓쳤다는 아쉬움을 갖게 마련이다. '가지 않은 길'에 대한 부러움, 상실감, 원망, 자책, 분노가 차례차례 치밀어 오르고 뒤엉켜 소용돌이친다.

주가는 오랜 기간 하염없이 흐른다. 이것이 기간 조정이다. 시간은 흐르는데 주가가 우상향은 커녕 우하향만 한다. 개미들은 한숨을 쉰다.

전형적인 기간 조정 차트

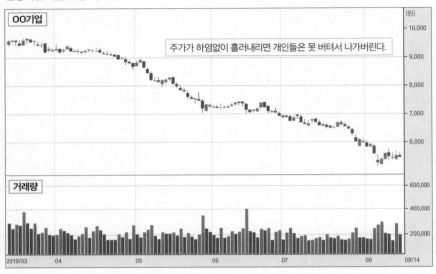

OO기업

주가가 하염없이 흘러내리면 개인들은 못 버텨서 나가버린다.

거래량

급등 후 눌림

물린 종목의 주가가 **평단가**까지 올라가다 혹 빠져버린다. 그러면 개인투자자들은 손실폭이 줄었다고 판단해 손절한다.

눌림
주가가 지속적으로 상승하다가 한번 내려갔다가 다시 올라가는 현상을 눌림이라고 표현한다.

평단가
매수 평균가를 보통 평단가라고 표현한다. 개인 평단가와 세력 평단가가 다르다.

상한가 때리고 찍어누르는 매집이 세력의 가장 센 작전이다. 그만큼 세력의 평단가가 높아지기 때문이다. 해당 상한가보다 더 높은 가격에 털어먹을 수 있다는 세력의 자신감이다. 이는 세력의 자본력이 어마어마해야 가능하다.

자본력이 강한 세력의 급등 후 눌림 차트

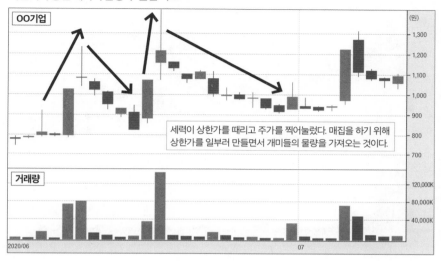

OO기업

세력이 상한가를 때리고 주가를 찍어눌렀다. 매집을 하기 위해 상한가를 일부러 만들면서 개미들의 물량을 가져오는 것이다.

거래량

급등 후 눌림 차트

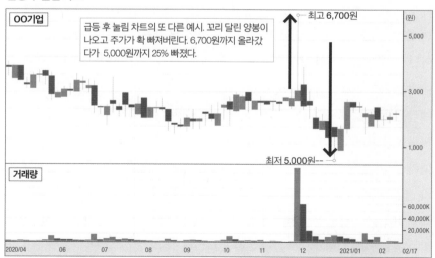

OO기업

급등 후 눌림 차트의 또 다른 예시. 꼬리 달린 양봉이 나오고 주가가 확 빠져버린다. 6,700원까지 올라갔다가 5,000원까지 25% 빠졌다.

최고 6,700원

최저 5,000원--

거래량

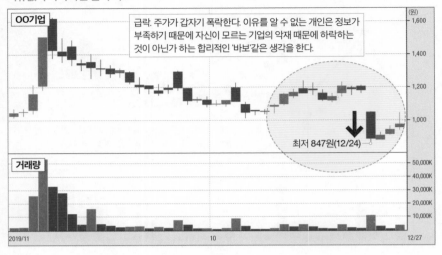

이유없이 하락하는 급락 차트

OO기업

급락. 주가가 갑자기 폭락한다. 이유를 알 수 없는 개인은 정보가
부족하기 때문에 자신이 모르는 기업의 악재 때문에 하락하는
것이 아닌가 하는 합리적인 '바보'같은 생각을 한다.

최저 847원(12/24)

거래량

2019/11 · 10 · 12/27

급락

아무런 뉴스나 공시도 없이 주식을 급락시킨다. 개인투자자는 기업에 악재가 있
는 줄 알고 무서워 손절 친다. 자신이 모르는 정보 때문에 주가가 급락하는 것이
아닌가 하는 합리적인 '바보'같은 생각을 한다. 그걸 누가 받아먹느냐. 세력이 받
아먹는다. 아래꼬리 음봉이 나오는 캔들이 이런 경우다.

매집을 할 때는 조용히 한다. 그리고 네이버증권토론방 같은 곳에서 안티를 친다.
사람들이 은근히 그 게시판을 많이 보기 때문에 일부러 안티 글을 쓴다. "이거 왜
떡락 안 하냐, 상폐(상장폐지) 아직도 안 하냐" 등등. 기업을 쓰레기처럼 보이게 한
다. 게시판 글, 댓글 모두 매크로 프로그램을 돌려서 쉽게 할 수 있다.

작업 세력은 유통물량을 혼자서 다 사기가 힘들다. 그래서 주변 사람들한테 사달
라고 말해놓는다. **찍새**들이 그런 역할을 한다.

이제 매집이 끝났다. 그러면 차트를 그린다. 우리나라 개인투자자의 90%는 차트에 목을 매는 차티스트다. 그래서 세력들이 차트를 만든다. 남아 있는 물량이 더 없는지 확인할 겸 급등열차를 출발시키기 전 매집봉을 한 번 더 띄운다. 이제 증권토론실에서는 **찬티**가 흘러나오고, 심지어 다른 종목 게시판에서도 홍보를 한다.

2. 급등

공시 띄우는 날과 시간을 협의한다. 오전에 매크로를 좀 돌려주고 거래량을 올려준다. **HTS 조건검색** 실시간 창에 종목이 반짝반짝거린다. 일부러 보라고 하는 짓이다. 그러고 나서 공시를 띄운다. 주가가 빵 올라간다.

찍새
소개꾼. 주식시장에서 우호 지분 확보를 위해 주변의 고액 자산가들에게 주식을 영업하는 사람을 말한다.

찬티
안티의 반대. 어떠한 주식의 상승을 종교처럼 믿으며 찬양하는 것을 말한다.

HTS 조건검색
지정된 각종 조건에 일치하는 종목을 실시간으로 검색할 수 있는 화면이다. 사용자는 각 종목의 기술적 분석, 패턴 분석, 재무 분석, 순위 분석, 시세 분석 등 각종 분석을 자신의 매매 스타일에 적합하게 조합하여 실시간으로 원하는 종목을 검색할 수 있다. 검색된 종목을 관심종목으로 등록하여 지속적으로 관찰할 수 있다.

털어먹는다. 목표가에 도달하면 찍새가 물어온 주변 사람들이 먼저 엑싯한다. 하루에 설거지를 다 못한다. 쌍봉이 나오는 경우가 이 때문이다. 고가권에서 털어먹고 내리면서도 털어먹고 다 털어먹는다. 근데 쌍봉에서도 다 못 턴다. 작전의 작업팀(혹은 설거지 기술자)이 자기 물량을 가장 나중에 털기 때문에 더 샀다가 팔기를 반복하면서 마지막 물량을 털어야 한다. 주가가 한 번 상승했다가 조금 떨어진 후 다시 상승해 봉우리 두 개, 즉 쌍봉이 생기고 주가가 하락하다가 한 번 더 올라가는 그림이 바로 라스트 설거지다. 뽀드득 소리가 나는 설거지! 완전한 엑싯! 아주 깨끗하게 털고 나간 것이다. 쌍봉을 찍으면 주가가 하락할 확률이 높다고 얘기하

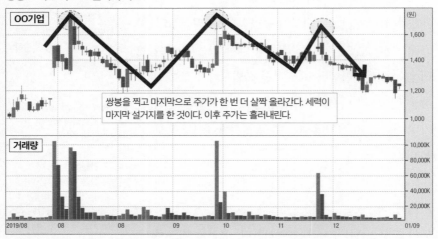

OO기업

(원)

- 1,600
- 1,400
- 1,200
- 1,000

쌍봉을 찍고 마지막으로 주가가 한 번 더 살짝 올라간다. 세력이 마지막 설거지를 한 것이다. 이후 주가는 흘러내린다.

거래량

- 10,000K
- 80,000K
- 60,000K
- 40,000K
- 20,000K

2019/08   08   08   09   10   11   12   01/09

는 이유가 여기에 있다. 만약 개미들이 봉우리가 처음 나왔던 외봉(이전 고점)에서 물량의 반절 이상 익절하지 않았다면 이후는 독자의 상상에 맡긴다.

작전이 끝났다. 실무자인 작업팀은 기업이나 쩐주에게서 수수료를 챙기고 유유히 떠난다.

6

김치 프리미엄이
나타나다

국내 코인시장은 무법지대다.
현재 국내 암호화폐 거래소의 24시간 거래량 중
60% 이상은 세력들의 자전거래 봇(bot)이다.

김치 프리미엄은 세력이 개미를 꾀기 위한 유인책

국내 코인시장은 어떨까? **김치 프리미엄**이 문제시되고 있다. 김치 프리미엄은 2021년 말까지 유지될 것으로 예상한다. 상승장의 중간에 오는 비트코인 조정과 대폭락에도 불구하고 국내 비트코인 현물은 항상 마지막에 빠질 것이다(우려가 될 정도로 김치 프리미엄이 높아지면 **알트코인** 매도 시점으로 봐야 한다). 2022년부터 정부가 세금을 매길 것이기 때문에 그 전에 세력(일부 코인 재단과 결합한 작전팀 및 **마켓메이커** 등)들이 다 해처먹을 것이라는 이유가 가장 크다.

김치 프리미엄
한국에서 거래되는 암호화폐의 시세가 해외 거래소와 비교해 얼마나 높은가를 뜻하는 말이다. 해외 거래소보다 높을 경우 '김치 프리미엄이 끼어 있다.' 낮을 경우 '김치 프리미엄이 빠졌다'고 표현한다.

알트코인(alternative coin)
비트코인을 제외한 모든 코인을 말한다.

김치 프리미엄이 왜 생길까? 어떤 바보가 호가창 저

위에 매수를 걸어둘까? 개미가 하는 행동이 절대 아니다. 세력이다. 마치 주식에서 세력이 쩜상에 물량을 걸어두면 개미들이 뒤따라 매수가를 쩜상에 걸어두는 것과 같다. 실제로 국내 주식시장의 세력들이 코인 시장으로 많이 넘어왔다. 현재 국내 코인 시장은 무법지대다. 국내 주식시장의 "거래소-금융감독원-검찰"이라는 주가 조작 적발 시스템이 국내 암호화폐 거래소에서는 제대로 작동하고 있지 않은 점을 세력들이 악용하고 있는 것이다.

이들이 **펌핑(pumping)**을 유인하고 코인 가격을 조작한다. 알트코인의 경우 세력들의 보유량은 평균 40~50%라고 보면 된다. 최소 40% 이상의 물량을 보유한 세력들은 이 물량을 어떻게 팔아 치울까?

기관이나 대형펀드 같은 경우에도 주식과 선물을 매수할 때 매수 기간만 몇 달이 걸린다. 수천억 원 이상을 하루 만에 매수하는 것은 불가능하다. 기관이나 대형펀드는 보유량이 너무 많아 매도할 때도 하루 만에 못 끝낸다. 그래서 **블록딜**을 통해 타금융사, 억만장자들에게 판다.

코인도 마찬가지이다. 세력은 자신들이 원하는 만큼 매집을 해야 하니 매집 기간만 몇 달이 필요하다. 주식과 같이, 거래량이 크게 실린 역망치형(혹은 유성형) 캔들이 나온다. 바로 매집봉이다.

세력 입장에서 자신들이 가진 물량을 매도하기 위해서는 개미들의 어마어마한 매수세가 따라와야 한다. 현재 국내 암호화폐 거래소의 24시간 거래량 중 60%

마켓메이커(market maker)
제출된 주문이 바로 체결되지 않고, 오더북에 들어가 대기하고 있는 거래를 체결시키는 사람이다.

펌핑(pumping)
주식이나 암호화폐 시장에서 세력이 해당 자산의 가격을 급격하게 상승시키는 것을 말한다. 반대말은 덤핑(dumping)이다.

블록딜
대량의 주식을 최근 주가보다 할인해 기관투자가 등 대형 투자자들에게 넘기는 거래다. 장중 블록딜이 진행되는 경우는 거의 없다.

순환매(循環買)
어떤 종목에 호재가 발생해 투자자가 몰려 주가가 상승하면, 그 종목과 관련이 있는 다른 종목도 주가가 상승하여 순환적으로 매수하려는 분위기가 형성되는 것을 말한다.

코린이(코인+어린이)
코인을 처음 시작한 사람. 주식을 처음 시작한 사람을 주린이(주식+어린이)라 부른다.

이상은 세력들의 자전거래 봇(bot)이다. 자신의 물량을 자신의 계좌로 사고팔면서 거래량이 죽어 있지 않다는 것을 '보여주기' 위함이다.

알트코인 세력들은 자신들의 물량을 매도할 수 있는 매수세가 없으면 못 팔아넘긴다. 그렇다면 세력들은 어떻게 개미를 꼬실까? 도○코인과 같은 광기 차트를 그려주면 된다. 도○코인은 2021년 2월 28일 51.9원에서 5월 8일 889원으로 두 달 만에 16배 뛰었다.

세력들은 서로 협업을 한다. 여러 알트코인의 전체 **순환매** 장세를 만든다. 수익을 본 개미들이 생기고 신규 개미들이 진입하도록 유도한다. 개미들에게 수익을 주는 홍보장을 세력이 의도적으로 보여준 것뿐이다. 2021년 1, 2월이 홍보장이었다. 실제로 신규 **코린이**가 1, 2, 3월에 많이 유입되었다. 신규 코린이들은 수익을 보면

일론 머스크의 한마디로 광기의 차트를 그리다

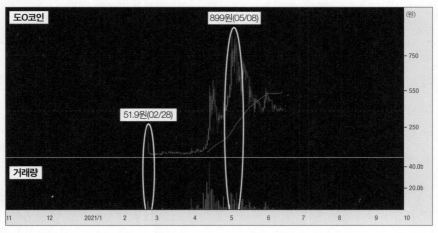

서 투자금을 늘리고 대출금까지 **영끌**한다. 세력 입장
에서는 어차피 개미들에게 수익을 주더라도 시장의
판을 키워야 연말(혹은 비트코인 상승장)에 다 털어먹
을 수 있기 때문이다.

영끌
"영혼까지 끌어모은다"의 약
자로, 대출금으로 투자한다는
뜻이다.

국내 알트코인 세력의 가격 운전

2021년 2월 17일 단 하루만에 2,568% 상승한 알트코인이 있다. 쿠팡 나스닥 상장
과 엮인 결제시스템 기업 다날은 주식시장에서 30% 상한가를 쳤고, 다날이 소유
한 페O코인이 수혜를 받으면서 상승폭 제한이 없는 코인시장에서 26배 떡상한
것이다. 이날을 기점으로 다음 날부터 보O 등 여러 알트코인이 줄줄이 상승세를
보였다.

페O코인, 하루만에 26배 상승했다

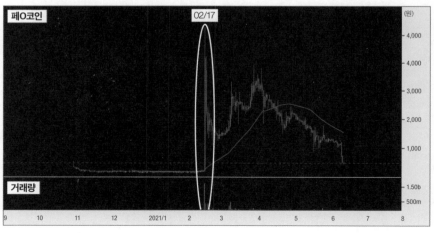

2021년 5월 20일 중국 코인인 온톨OOO스가 408% 상승하면서 코인들이 **랠리**를 보여줬다. 5월 21일 센OOO토콜이 떡상했고, 5월 22일 솔OO어가 대장이 되어 랠리를 보여주었다.

2021년 2월만큼 모든 코인이 상승했던 것은 아니지만 일부 알트코인의 순환매가 도래했다. 비트코인이 크게 하락했기 때문에 많은 코인이 이전 고점을 넘어 큰 상승을 보여주지 못했지만 거래량이 크게 실리면서 급등한 코인들이 있었다. 비트코인이 2만 달러대까지 또다시 하락할 여지가 있기 때문에 비트코인의 방향과는 관계없이 오랜 기간 알트코인을 매집했던 세력들이 물량을 털면서 수익을 실현한 것이다.

센OOO토콜, 떡상하다

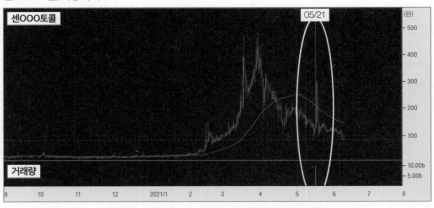

2021년 2월 18일 보O 코인의 차트를 보자. 600% 넘게 급등했다. 2020년 11월에 엄청난 거래량을 동반한 매집봉이 있었다. 웃기지 않나? 급등 중인 2월 18일의

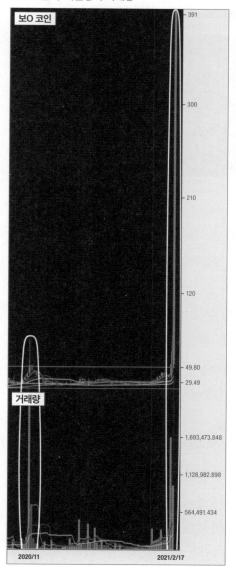

보O 코인의 매집봉과 거래량

보O 코인

거래량

391
300
210
120
49.80
29.49

1,693,473.848
1,128,982.898
564,491.434

2020/11　　　　　　　　　　　　　　2021/2/17

가격 상승폭이 11월 매집봉의 가격 상승폭에 비해 엄청나게 큰데도 불구하고 거래량은 11월의 절반밖에 안 된다. 그리고 급등으로 출발하는 급행열차를 타기 바로 전날 2021년 2월 17일 또다시 엄청난 거래량을 동반한 매집봉을 만들면서 유통물량을 다 잡아먹었다. 떡상하기 전 마지막 물량 소화 과정을 거친 것이었다.

보O 코인의 급등은 다음 날 새벽까지 이어졌다. 세력들이 열심히 일한 것이다. 전날 페O코인 가격이 26배 뛰었으니 보O에도 똑같은 기대감이 심어졌을 것이다. 뉴스 공시로 개미들이 떼 지어 달려들었다. 결국 세력들은 바로 전날의 매집봉보다 더 큰 거래량을 터트리며 물량을 털었다. 보O는 고가 572원(종가 281원)으로 987% 상승했다.

하지만 세력들은 하루 만에 물량을 다 털 수가 없다. 세력들은 최고

2021년 2월 18일 보O 코인 차트

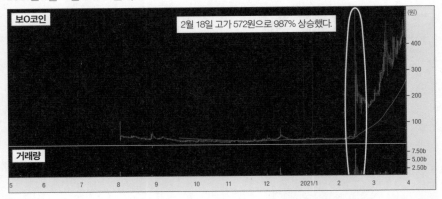

보O코인

2월 18일 고가 572원으로 987% 상승했다.

거래량

가권에서 물량을 어느 정도 털고 관리를 안 하니 가격이 힘없이 쭉 빠지다가 손절 치는 개미들의 물량을 165원 부근에서 매집한다. 주식의 급등주에서 배운 N자 파동이 똑같이 나온다.

보O는 3월 10일 종가 287원으로 2월 17일 종가(281원)를 뚫는 모습을 보이면서 개미들로 하여금 이 종목이 다시 급등할 것이라는 신호를 보낸다. N자 파동을 또 그리면서 보O는 4월 2일 고가 565원까지 올라갔다. 2월 18일의 고점(572원)을 뚫을 것이라는 기대감을 가졌던 개미들은 최고가권에서 물려버린다. 가격이 급락하면서 차트는 흘러내렸다.

이 차트를 달리 설명하자면 앞서 배운 바로 쌍봉 차트다. 세력이 고가권에서 털어먹고, 내리면서도 털어먹기를 반복하는 행태. 근데 쌍봉에서도 다 못 턴다. 마지막 물량을 털어야 한다. 가격이 하락하다가 한 번 더 올라가는 그림이 바로 라스트 설거지다. 거래량이 어느 정도 있었던 5월 27일로 보여지긴 하지만 세력의 물

빔(beam)
마치 빔을 쏘는 것처럼 급등하는 현상을 말한다.

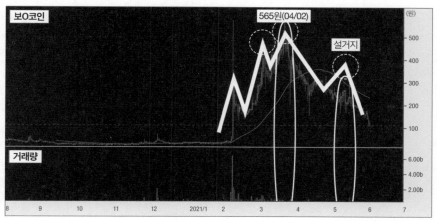

량이 완전히 나갔다고는 장담할 수는 없다. 사채업자들에게 갚아야 할 이자 때문에 일부 수익을 실현한 것으로 판단할 수도 있다. 그렇지만 이러한 차트를 보여주는 종목이 고점까지 재상승하기에는 시간이 꽤나 오래 걸릴 것으로 생각한다.

거래 및 투자 유의 종목으로 지정된 코인이나 상장폐지 종목으로 지정된 코인은 상폐 **빔**이 나온다. 업비트에서 거래지원이 종료(상장폐지)된 아인스타이늄이 그랬다. 350% 오르다 80% 급락했다. 거래량이 크게 실리면서 세력이 평단가보다 높은 가격에서 물량을 털어버리는 것이다.

이러한 빔이 안 나온다 하더라도 세력은 갖고 있던 물량을 **BTC 마켓**으로 옮겨서 털거나 다른 거래소 상장으로 이리저리 피해간다. 세력은 절대 손해 보고 팔지 않는다.

BTC 마켓
비트코인 마켓의 줄임말이다. 가장 많이 쓰이는 업비트 앱을 예로 들면 거래소 화면에 KRW, BTC, USDT탭이 있다. 원화마켓(KRW)은 원화로 알트코인을 매매하는 마켓이지만, BTC마켓은 비트코인으로 알트코인을 매매하는 곳이다.

7

탐욕과 무지가
시장을 움직이다

암호화폐는 규제하고 블록체인 기술은 장려하는
투 트랙 전략이 과연 가능할까?
동전의 양면 같은 블록체인과 암호화폐를 나누는 것이
가당키나 할까?

세력에게 손절이란 없다, 개미에게만 있을 뿐

비트코인은 4년에 한 번씩 있는 반감기(halving)를 기준으로 상승과 하락 사이클을 갖는다. 반감기란 비트코인 채굴에 대한 보상이 이전에 비해 반으로 줄어드는 시기를 일컫는다. 블록체인 개발에 대한 보상으로 만든 비트코인은 총량을 제한해서 반감기를 가질 수밖에 없다. 비트코인은 지금까지 2012년 11월 28일, 2016년 7월 9일, 2020년 5월 12일 총 3번의 반감기를 거쳤다. 2009년 1블록(채굴 단위)당 50비트코인(하루 생산량 7,200비트코인)이었던 보상은 2012년 25비트코인(하루 생산량 3,600비트코인), 2016년 12.5비트코인(하루 생산량 1,800비트코인), 2020년에는 6.25비트코인(하루 생산량 900비트코인)으로 줄었다. 다음 반감기는 2024년 2월 26일로 예상된다.

비트코인은 최근 반감기(2020년 5월 12일) 이후 상승 사이클 내에 있다고 판단된

비트코인 로그(log)차트

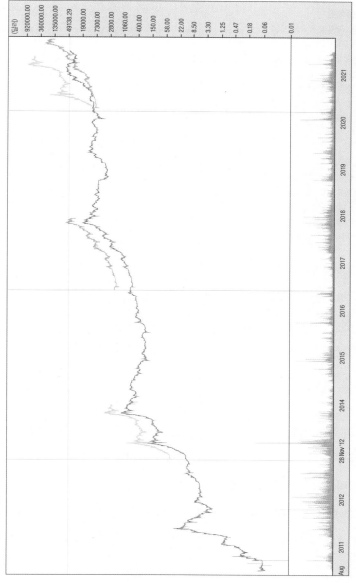

| 빨간 수직선은 반감기이다. 반감기 이후 상승세를 보인다.

로그(log) 차트
상승률과 하락률을 기준으로 만든 차트이다. 일반 차트의 캔들은 시세의 움직임을 길이로 표현하는데 비해, 로그차트의 캔들은 손익 비율의 움직임을 나타낸다. 즉, 저가와 고가를 퍼센트(%)로 나누어서 캔들로 표현한 것이다.

패닉셀(panic sell)
공포에 질린 투매. 주식이나 코인의 가격이 내릴 것으로 예상될 때, 더 내릴 거라는 극심한 공포에 손해를 무릅쓰고 싼값에 막 팔아버린다는 뜻이다.

다. 비트코인을 단순 가격 차트가 아닌 **로그(log) 차트**로 변환한 그래프를 보자. 빨간 수직선은 반감기이다. 총 세 번의 반감기가 있었으므로 세 개의 축이 있다. 그 축을 기준으로 비트코인은 일정 기간 동안 줄곧 상승했다. 첫 번째 반감기 이후 상승했던 모양(노란색)과 두 번째 반감기 이후 상승했던 모양(자주색)을 본떠 2021년 8월 현재 비트코인 흐름에 옮겨와서 보면, 현재 비트코인은 아직 상승 기간이 남아 있다고 볼 수 있다.

코인의 물량 대부분은 기관, 기업 등 큰손들이 보유하고 있다. 아주 오랜 기간 보유하고 있다. 최근 큰 하락이 있었지만 많은 기관이나 기업은 계속 보유하거나 매집하고 있는 상황이다. '**패닉셀**'은 개인 투자자에게만 있을 뿐이다.

탐욕과 무지의 경계에 선 세력

세력이라 함은 소위 주식시장의 작전 세력을 일컫지만 금융기관, 정부, 고액 자산가 등 누구나 그 주체가 될 수 있다. 규제의 무법 지대인 국내 암호화폐 시장에서도 그 세력들이 판을 열고 활개를 치고 있다.

세력에는 탐욕의 세력과 무지의 세력이 있다. 탐욕의 세력은 본인의 배만 불리기 위해 온갖 불법 행위도 마다하지 않는 사람들로 암호화폐와 관련된 각종 사기꾼, 해커가 있다.

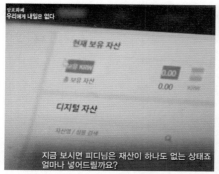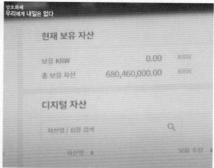

"불법 거래소 직원이 관리자 계정으로 접속해 비트코인 10개를 넣어준다. 클릭 몇 번으로 숫자를 입력하자 막대한 보유자산이 생겨났다." 출처: 2021년 6월 4일 KBS <시사직격>

무지의 세력은 블록체인이 가지고 있는 내재적 기술의 가능성을 알지도 못한 채 규제와 무시만 하는 사람들로 볼 수 있다. 자신이 투자하는 암호화폐에 대해 알지 못하는 사람도 포함된다.

탐욕의 세력

대표적 사례는 다단계, 사칭(스미싱), 펌프 앤 덤프(pump & dump)가 있으며 구체적인 사례는 다음과 같다.

다단계

전형적인 다단계 사기 형태를 그대로 따와, 판매하는 상품만 자석요나 전기장판에서 암호화폐로 갈아탄 범죄이다. 암호화폐 거래소 운영사 브이글로벌 사건이 대표적인 암호화폐 다단계 사례이다. 이 회사는 2020년 8월부터 2021년 5월까지 5만 2,000여 명에게 2조 2,000억 원 규모의 피해를 입혔다.

그들은 암호화폐에 투자하면 300%의 수익을 보장하겠다며 다단계 피라미드식으로 신규 회원을 끌어모았다. 계좌당 가격은 600만 원으로 불과 몇 개월 만에 1,800만 원의 수익을 보장한다는 것이었다. 기존 회원이 신규 회원을 유치하면 120만 원의 소개비를 지급하는 방식으로 회원을 늘렸다. 신규 회원에게 받은 투자금을 기존 회원에게 수익금이라며 주는 돌려막기 수법으로 투자자들의 의심을 피했다.

특히 이들은 수익금을 지급할 때 자체적으로 만든 암호화폐인 브이캐시를 지급했다. 브이캐시는 비트코인, 이더리움 등 시중 거래소에서 유통되는 암호화폐와도 거래할 수 있다며 투자를 유도했다. 아직 상장 전이지만 미리 사두면 향후 몇 배, 몇 십 배 오를 것이라고 투자자들을 꼬드겼다.

피해자 중 50대 이상이 60~70%를 차지했고 누구도 브이캐시 외에 다른 암호화폐에 투자해본 경험이 없었다. 경제활동을 하지 않는 고령자와 주부를 제물로 삼은 것이었다.

이 사건으로 브이글로벌 운영진 4명이 구속되고 74명이 입건되어 수사를 받았다. 자금추적도 진행되었다. 이들 중에는 국내에서 유명한 다단계 업자도 포함되어 있는 것으로 밝혀졌다.

사칭(스미싱)

스미싱이란 문자메시지(SMS)와 피싱(phishing)의 합성어. 사이트 링크를 포함하는 메시지를 보내 사용자가 링크를 클릭하면 악성코드가 설치되어, 사용자가 모르는 사이에 소액결제가 이루어지거나 개인정보를 탈취해가는 것이다.

스미싱 사기가 암호화폐 시장에서도 이용되고 있는데 2021년 5월 암호화폐 거래소인 '후오비 코리아'를 사칭한 스미싱 피해 사건을 예로 들 수 있다. 후오비 코리아 관계자로 위장해 문자, SNS 메시지, 유사 사이트 광고를 보내 특정 이벤트 참가를 유도하고 암호화폐 입금을 요구했다. 한 달간 보이스피싱 7건, 스미싱 16건, 공식계정 사칭 5건이 접수되었다.

스미싱 피해사례가 잇따르자 후오비 코리아는 공식계정 보안을 강화하고 공지 채널을 통해 스미싱 사례를 공유하며 피해 방지를 안내했다.

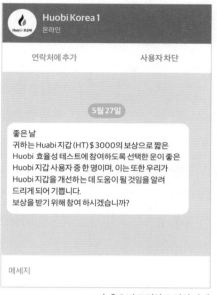

| 후오비 코리아 스미싱 사례

펌프 앤 덤프(pump & dump)

주식 등 자산거래 시장에서 가격을 인위적으로 높인 뒤 이를 비싸게 팔아 처분하는 펌프 앤 덤프는 세력들의 고전적인 수법이다. 그러나 암호화폐 시장에선 여전히 잘 먹히는 방식이다. 거래량을 높이기 위해 시세를 조작하는 암호화폐 거래소는 세계 곳곳에 널려 있고, 이 같은 부정을 관리 감독할 수 있는 규제는 없기 때문이다. 과연 누가, 어디서, 어떤 방식으로 암호화폐 시장의 시세를 조작하고 있을까. 2018년 4월 빗썸에 상장된 미스릴 토큰이 대표적인 예이다. 이 암호화폐는 250원에 상장되어 거래가 시작되자마자 가격이 2만 8,000원대까지 11,500% 급상승했고 그날 저녁에는 1,400원대에 거래되며 고점 대비 95% 급락했다. 누가 봐도 정

오더북

거래소가 다르더라도 같은 종목의 매수 매도 주문, 주문 이력 등의 주문 기록 장부를 거래소 간 공유하여 가격을 동일하게 맞추는 것이다.

상으로 보기 어려운 가격 변동이었고 세력들의 시세 조작이 의심되는 대표적인 거래였다. 세력들은 사적 네트워크를 통해 일종의 그룹을 형성해 암호화폐를 대량으로 매입·보유하며 매수매도질로 조선시대의 허생보다 쉽게 시세를 조작할 수 있었던 것이다.

특히 거래량이 적은 거래소와 암호화폐는 펌프 앤 덤프의 타깃이 되기 쉽다. 거래소 본연의 임무는 거래가 체결될 수 있도록 유동성을 공급하는 것이지만 거래소의 대부분은 유동성 확보보다는 코인 상장이나 마케팅에 집중하고 있다. 거래소의 유동성이 부족할 경우 적은 거래량으로도 암호화폐의 가격을 움직일 수 있다는 의미이다.

주식의 경우 **오더북**(order book)이라는 제도를 통해 거래가 진행된다. 암호화폐는 오더북 제도가 없기 때문에 동일한 종목이라도 거래소마다 가격이 다르다. 해외 거래소와 국내 거래소의 암호화폐 가격이 다른 김치 프리미엄이 가까운 예라고 볼 수 있다. 소규모 거래소는 유동성이 부족한 경우가 많으므로 세력들이 조작하기가 더욱 쉽다는 점을 유추할 수 있다.

다단계, 스미싱, 펌프 앤 덤프와 같이 암호화폐 시장에서 다양한 피해가 속출하고 있다. 그렇지만 관련 법령이 제정되지 않았기 때문에 처벌은 어려운 실정이다. 탐욕의 세력들은 무법의 지대에서 다양한 방법으로 개미들을 유인한다. 많은 개미들이 피해를 입는다. 정부가 관심을 기울여 하루빨리 제도를 정립하면 예방할 수 있는 일인데 말이다.

무지의 세력

2018년 '상기(박상기 전 법무부장관)의 난', 2021년 '성수(은성수 금융위원장)의 난'이라 불리는 일들은 우리나라 암호화폐 투자자에게 큰 충격과 좌절 그리고 분노를 안겨준 사건이었다. 공직자로서 젊은이들을 걱정하는 마음에 그러한 이야기를 했을 것이라고 곱게 해석하려 노력해보지만, 결과적으로 암호화폐를 바라보는 우리나라 핵심 정부 당국자들의 인식과 행동에 심각한 문제가 있음을 드러냈다. 물론 암호화폐 시장은 제도가 도입되기 전이라 법의 사각지대이다. 조심해야 하는 것은 당연하다. 그렇지만 "암호화폐 거래소를 폐지하라", "암호화폐는 투기일 뿐이다"라는 발언은 영향력이 있는 공직자로서 쉽게 내뱉을 말은 아니다.

그들은 암호화폐 시장을 도박판으로 보고 암호화폐에 투자하는 행위를 아이들의 불장난쯤으로 여겼다. 인식의 한계를 거침없이 표출한 것이다. '암호화폐는 규제하고 블록체인 기술은 장려하는' 이른바 투 트랙 전략이 과연 가능할까? 동전의 양면 같은 블록체인과 암호화폐를 나누는 것이 가당키나 할까? 블록체인의 본질을 좀 더 이해하고, 산업의 발전 가능성을 조금이라도 고민해봤으면 어땠을까 하는 아쉬움이 있다.

'상기의 난'과 '성수의 난'을 주도한 정부 당국자들은 인정하기 싫겠지만, 그들 자신이 시장에 부당한 외력을 가한 세력이 되어버렸다. 그들이 행사한 외력 때문에 개미들의 패닉셀이 쏟아지고 코인 시세가 폭락했다. 그 폭락은 이후 폭등과 롤러코스터의 에너지가 되었다. 그들이 이런 인과 관계와 맥락을 미리 알고 그리한 것은 아닐 터이니, 세력 중에서도 '무지의 세력'이라 부르는 것이 합당할 것이다.

탐욕의 세력에 희생양이 된 피해자들이 안타깝지만 어찌 보면 잘 모른 채 투자하는 사람들 또한 무지의 세력이 될 수 있다. 조금만 의심을 갖고 비판적인 고민을 한다면 충분히 대응할 수 있었을 텐데, 눈앞에 보이는 달달한 유혹을 이기지 못해 충동적인 결정을 내렸을 것이다.

탐욕의 세력이든 무지의 세력이든 그 주체가 누가 되었든 간에 피해자를 줄이기 위해 국가는 제도의 정립, 기술의 이해 등 그 역할을 해야 한다. 개인들도 자기들이 투자하는 자산이 어떤 성격을 띠고 있는지, 블록체인 기술과 산업의 미래가 어떻게 변화될지 알고 대응할 필요가 있다.

| 마치며 |

모두가 돈을 버는 시장은 없다. 상승만을 거듭하던 기분 좋은 장세는 언젠가 끝나기 마련이고 하락세로 접어들면 주식은 치열한 제로섬(zero-sum) 게임이 된다. 작전 세력이 움직이는 공간이다. 물론 외국인이나 기관이 시장 전체를 매도세로 몰아치면 작전은 빠그라지고 세력은 서로를 배신하며 물리기도 한다.

작전 세력의 시장은 '스투피드 앤 뉴 머니(stupid and new money)'를 기반으로 성장한다. 아무것도 모르는 신규 개미로 물갈이되는 시장이라는 것이다. 주식을 시작하는 개인 중 많은 이는 처음에는 삼성전자 같은 초우량주에 투자한다. 초우량주는 엉덩이가 무거워 단기에 재미를 보기 어렵다. 그러면 개인은 시가총액이 작고 영업 손실만 주야장천 나는 관리종목, 환기 종목, 투자 유의 종목 등에 손을 댄다. 등락률이 높은 종목에 단타로 먹고 나오며 좋아한다. 초심자의 운이라 했나. 수익이 곧잘 나온다. 그러면 자신이 주식을 잘하는 줄 착각한다. 세력이 일부

114

러 잃어주는 것이라고는 생각 안 해봤을까. 이들은 푼돈에는 관심이 없다. 영화 <타짜>(2006)의 정 마담이 그러지 않았는가. "화투판에서 사람 바보 만드는 게 뭔 줄 아시냐? 바로 희망이다." 세력은 개미들이 자신감을 갖게 하는 데에 더 집중한다. 어깨에 힘이 잔뜩 들어간 개미는 판돈을 키워 미수, 신용, 대출까지 끌어모아서 비중을 크게 싣는다. <타짜>의 호구가 된 것이다. 아뿔싸. 잘 나가던 주식이 폭락한다. 자신이 감당할 범위를 넘어선 금액은 먼저 멘탈을 붕괴시킨다. 개미들은 비싼 수업료를 치르고 세력들은 배를 불린다.

이 책의 독자는 주식이라는 것이 단순히 수급의 논리로 가격이 올라가고 내려가지 않는다는 점을 알게 되었다. 이제 진짜 시작은 자신이 투자한 종목의 차트와 공시, 언론에 나온 뉴스를 주의 깊게 들여다보는 것이다.

자만하면 안 된다. 이 책을 읽었다고 세력을 완벽하게 안 것은 아니다. 고로 세력을 진짜 안다고 생각하는 것은 금물이다. 그렇게 생각하게 만든 것도 세력의 조종이다. 세력은 언제든지 차트를 맘대로 그릴 수 있고 멘탈을 붕괴시킬 수도 있다. 자기들끼리도 배신에 배신을 거듭한다. 최측근 내부자가 아니면 작전의 시나리오를 알 길이 없다. 조심할 방법을 알게 됐을 뿐이다. 세력의 패턴을 간파했다고 자만하며 큰돈을 넣어버리면 정말 큰코다친다. 증권사와 커넥션이 있는 작전세력은 어느 구좌에서 얼마가 투자됐는지까지 안다.

<타짜>의 고니가 한 말, "나는 딴 돈의 반만 가져가"는 절제의 미덕을 보여준다. 투자냐 투기냐. 작전주에 투자했다고 투기는 아니다. 문제는 욕심이다. 사실 진짜

적은 세력도 아닌 내 안의 욕심이다. 욕심을 절제해야 성공한 투자자로 거듭날 수 있다. 급등주를 추격해서 하루빨리 돈을 벌겠다는 조급한 마음보다 욕심을 절제하겠다는 평안한 마음을 먹는 순간 그 사람은 부자가 될 자격이 생긴다. 여러분의 성투를 빈다.

책을 출판할 수 있도록 흔쾌히 허락해준 박해진 대표님과 단기간에 책을 출판하느라 고생한 편집진 모두에게 감사드린다.

투자자를 위한 책을 같이 한번 써보자는 제안에 선뜻 집필을 승낙한 공저자 레오님에게 존경심과 고마움을 표합니다. 그리고 주식 입문에 가이드가 되어준 친구 이경태, 세력에 대한 존재를 일깨워준 주식단테(임태호)님에게도 감사하다는 말씀드립니다. 마지막으로 어머니, 아버지, 누나 감사합니다.

-김준형

집필을 제안해준 공저자 김준형님에게 감사합니다. 그리고 집필 기간 중 육아에 집중하지 못했음에도 불구하고, 이를 너그러운 마음으로 이해해준 카시미로, 임이 데레사, 아내와 아들에게 감사하다는 말씀드립니다. 멀리서 물심양면으로 응원해준 장인어른, 장모님, 처남께도 감사드립니다.

-레오

김준형, 레오
2021년 여름

| 참고문헌 |

"문화재사랑." 문화재청, 2008년 2월 27일 수정, 2021년 6월 1일 접속, 조선시대 상인들은 어떤 장사로 어떻게 돈을 벌었을까, https://www.cha.go.kr/cop/bbs/selectBoardArticle.do?nttId=5602&bbsId=BBSMSTR_1008&nm=NS_01_10

"[CB의 그늘]① 물량폭탄에 주가 곤두박질…개미만 눈물." 조선비즈, 2019년 3월 11일 수정, 2021년 6월 1일 접속, https://biz.chosun.com/site/data/html_dir/2019/03/11/2019031100647.html

안형영, 『주가 조작 모르면 주식투자 절대로 하지 마라!』, 미르북컴퍼니, 2021

|저자 소개|

김준형

한국은행, 경영 컨설팅사를 거쳐 현재 금융업에 종사하고 있다. 한국 작전 세력들의 얘기를 직간접적으로 들으며 그들이 하는 행동을 글로 정리하였다. 그들은 인간의 심리를 건드린다. 인간의 행동은 반복되기 때문이다. 반복된 인간의 행동이 녹아 있는 차트와 공시에는 세력의 의도가 숨겨져 있다. 기술적 분석과 기본적 분석을 제대로 했을 때 그 의도를 파악할 수 있다.

역사도 반복된다. 새로운 기술이 표준이 되려면 프로젝트 기업에 자본이 들어가야 한다.규모가 커질수록 산업과 시장에 신진 세력이 진입한다. 이때는 그 기술이 불러올 구조적인 변화에주목해야 한다. 변화를 예측하려면 분석 도구를 기술 발전의 역사에서 찾아야 한다고 믿는다. 암호화폐 및 블록체인 산업을 확장하고 있는 경제주체들을 기술한 저서『고래』를 집필하였다. 블로그에 시장과 사회, 정치에 대한 고민의 흔적을 남기고 있다.

https://blog.naver.com/junkim2006

레오

현재 금융업에 종사하고 있다. 경제적 자유를 얻을 수 있는 대표적인 수단이 세 가지 있다. 사업, 부동산, 주식이다. 팬데믹으로 개인이 사업을 하기에는 어려움이 많으며, 부동산은 각종 규제가 도입되어 투자하기가 쉽지 않은 판국이다. 세상은 온통 주식과 암호화폐 이야기다.

주식 투자는 회사에 투자하는 것이고, 수익을 내기 위해서는 좋은 회사를 찾아야 한다. 가치보다 저평가된 회사, 성장 잠재력이 큰 회사, 배당을 잘 주는 회사 등이 해당된다. 좋은 회사를 찾기 위해서는 거시 경제를 이해하고, 기업가치 분석 그리고 차트 해석을 할 수 있어야 한다. 역사는 미래에 대한 방향과 해결책을 제시해준다. 주식 차트는 과거의 기록이며 주가의 역사라 할 수 있다. 이를 어떻게 해석하느냐에 따라 미래에 대한 대응 방법이 바뀔 수 있다. 알고 대응해야 손실을 최소화하고 내 속도 챙긴다. 작전 세력에 대응하고 성공적인 투자를 같이 모색해 보고 싶다. 암호화폐와 블록체인 산업을 이끄는 주요 경제주체를 기술한 저서『고래』를 집필하였다. 블로그에 투자에 대한 고민의 흔적을 남기고 있다.

https://blog.naver.com/psl0408

주식시장의 검은손 … '작전'을 식별하는 7가지 시그널

ⓒ 김준형, 레오

초판 1쇄 발행 2021년 9월 13일
초판 2쇄 발행 2022년 3월 28일

지은이	김준형, 레오
펴낸이	박해진
펴낸곳	도서출판 학고재
등록	2013년 6월 18일 제2013-000186호
주소	서울시 마포구 새창로 7(도화동) SNU장학빌딩 17층
전화	02-745-1722(편집) 070-7404-2810(마케팅)
팩스	02-3210-2775
전자우편	hakgojae@gmail.com
페이스북	www.facebook.com/hakgojae

ISBN   978-89-5625-439-5 (13320)